중국문화총서2

古代 中國의 日像·月像

전호태 지음

UUP

古代 中國의 日像·月像

2005년 2월 1일 초판 인쇄
2005년 2월 7일 초판 발행

지은이 전 호 태
발행인 정 정 길
편집인 김 호 연
발행처 UUP(울산대학교출판부)
680-749울산광역시남구무거2동산29번지
☎ 052-259-2488, FAX.277-3011
등록 울산시제20호(1997.7.15)

ISBN 89-7868-873-X

정가 5,000원

古代 中國의 日像·月像

책을 열며

해와 달은 고대 중국사회의 주요한 신앙대상이자 장의미술의 중심제재 가운데 하나였다. 우주관, 세계관, 내세관과 관련하여 가장 빈번히 언급되고 중요시되었던 해와 달은 장의미술에서 여러 양식으로 표현되었다. 때문에 해와 달이 어떻게 인식되고 그려졌는지를 역사적 맥락에서 파악하는 것은 동아시아의 신화와 종교의 전개과정을 이해하는 과정에도 필수적이다. 이 책에서도 이러한 필요성과 의의를 감안하면서 중국 고대 장의미술에 등장하는 해와 달의 다양한 형태와 그 배경이 되는 인식의 문제를 다루고자 한다.

중국의 秦漢시대부터 장의미술 각 장르에 표현된 해와 달은 漢代까지는 지역문화의 독자성이 강하게 반영된다. 산동, 사천, 하남, 섬북, 강소 문화권을 개별 단위로 해와 달이 다양한 형태와 양식으로 표현되는 것도 이런 까닭이다. 이어지는 魏晋南北朝 및 隋唐시대에는 해와 달을 나타내는 지역문화권 단위의 양식이 쇠퇴하지만 왕조별, 시기별로 해와 달을 표현하는 방식에는 변화가 있음이 확인된다. 한~당 장의미술 작품에서 해와 달의 표현 사례를 정리하여 유형화 하는 과정에서 드러나는 지역별, 시대별 흐름은 다음과 같다.

한~당대고분의 묘실 벽이나 부장기물에서 발견되는 해와 달은 크게 星座型과 神格型으로 나눌 수 있다. 성좌형은 다시 陽鳥型과 순수성좌형으로, 신격형은 羽人型, 복희·여와형, 동왕공·서왕모형 및 기타 유형으로 구분된다. 성좌형 해와 달 가운데 양조형畵像은 하남 남양 일대의 漢代 화상석묘에서만 발견되는 반면, 순수성좌형은 한~당대 중국 각지의 고분 장식 가운데에서 고르게 나타난다.

순수성좌형 해와 달의 구성요소 가운데 가장 빈번히 나타나는 것은 까마귀와 두꺼비이며 이외에 해의 또 다른 구성요소로 九尾狐, 달의 구성요소로 옥토끼, 계수나무 등이 보인다. 이들은 모두 先秦 이래의 음양신앙 및 서왕모신앙과 밀접히 관련되어 있다. 순수성좌형 해와 달은 해와 달을 천체의 일부로 보는 과학적 인식을 바탕으로 그 위에 해와 달에 대한 신화적 관념이 일정하게 가미되어 성립된 것이다. 위진남북조시대를 과도기로 하여 수당시대에 이르면 해와 달에 대한 신화적 관념은 크게 불식되어 해와 달은 천상도를 구성하는 별자리의 하나로만 표현되는 단계에 이른다.

신격형 해와 달은 해와 달을 신비한 힘을 지닌 신격으로 보던 고대적 사유의 연장 위에서 성립한 도상이다. 그러나 先秦時代 특히 殷周時代에서와 같이 해와 달 자체를 인격신화 하지는 않는다. 漢代의 해신과 달신은 기본적으로 이미 창조신, 혹은 不死

의 再生神으로 믿어지던 존재와 해, 달을 접합시킨 형태로 표현한다. 복희, 여와나 동왕공, 서왕모는 본래부터 해신과 달신은 아니었으나 음양설 및 長生不死신앙을 매개로 하여 해신, 달신이 되고 있다.

한편, 수당시대 중국의 서쪽변경이던 투르판에서는 복희·여와형 해신, 달신이 銘旌에 그려져 무덤 속에 부장된다. 이것은 투르판의 중국계 주민이 漢代에 이곳으로 이주하면서 지니고 온 복희·여와신앙이 투르판이라는 중국 내륙과는 격절된 지역에서 유지, 변형된 결과이다.

고대 중국 역사와 문화의 전개양상에 대한 이해는 한국 고대문화의 흐름과 내용을 제대로 파악하기 위한 주요한 전제조건의 하나이기도 하다. 고대 이래 중국이 장기간 동아시아 문화를 선도하는 역할을 감당했기 때문이다. 최근 고대 중국의 역사와 문화 전반을 소개하는 책자의 출간이 늘고 있는 것도 이런 까닭일 것이다. 이 책이 전문가들 뿐 아니라 일반인에게도 고대 중국의 특정한 측면에 대한 이해를 높이는 데에 도움이 되기를 기대한다. 책의 출간을 권유한 김호연교수에게 감사하며, 촉박한 일정에도 불구하고 원고의 정리와 편집에 힘써 준 울산대학교 출판부 직원들에게도 고마움을 전한다.

2005년 1월

문수산 기슭에서 전 호 태

차례

1. 畫像石·畫像磚의 日像·月像

前近代社會에서 인간의 해와 달에 대한 인식은 거의 예외 없이 각 사회가 지니는 우주관, 혹은 세계관의 근간이 되었다. 때문에 개별사회가 共有하는 해와 달에 대한 인식이 그 사회 구성원 각자의 현재적 삶에 직접, 간접으로 유형, 무형의 영향을 주었음은 주지의 사실이다. 따라서 특정 시기, 특정 사회의 해와 달에 대한 인식의 이해작업은 해당사회의 우주관, 혹은 세계관의 올바른 파악을 위한 기본적이며 필수적인 전제요건의 하나라 하겠다.

그런데 모든 문화현상이 그렇듯이 해와 달에 대한 인식도 시대와 민족에 따라 세부적인 내용상의 차이가 있으며 같은 시대, 한 사회에서도 지역에 따라 일정한 편차를 지니고 있다. 더욱이 한 사회의 해와 달에 대한 인식이 근접한 사회의 그것과 일정한 연계성을 지니고 있을 경우, 문제는 복잡해진다. 따라서 한 사회가 지니는 특정 관념의 이해를 시도할 때, 주의할 것은 현상적으로 드러나는 특정부문에 대한 분석과 판단에 매몰되어서는 안된다는 점이다. 즉, 분석을 위한 자료가 지니는 의미와 비중에 대한 신중한 고려가 있어야 하며 특히 분석 자료의 포괄적 수집이 선행되어야만 한다는 사실이다.

이 글에서는 이와 같은 문제에 유의하여 고구려와 이웃하여 정치적으로뿐 아니라 사회, 문화적으로도 고구려와 깊은 영향을 주고 받았던 중국 漢~唐代의 日月認識과 그 표현방식을 살펴보고자 한다.

중국 한~당대의 해와 달에 대한 인식과 표현방식은 畫像石, 畫像磚을 비롯한 古墳壁畵와 銘旌 등 故人의 무덤을 장식하던 유물, 유적과 銅鏡, 瓦當과 같은 일상적인 儀器 및 건축구성물에서 비교적 잘 나타난다. 전자가 당대인들의 來世觀과 관련된 것이라면 후자는 일상적 신앙의 표현물이다. 따라서 한~당대 중국의 해와 달의 표현방식 및 바탕에 깔린 인식을 이해하기 위해서는 양자에 대한 포괄적인 검토가 요구된다.

그러나 동경이나 와당류에서는 일상이나 월상이 당대에 유행하던 제반 종교 및 신앙과 복잡하게 융합된 형태로 표현되거나 본래의 의미를 상실하고 장식적 기물의 장식 요소의 하나로 묘사되는 경우가 많아 특정시대, 특정사회의 우주관, 세계관의 이해를 위한 분석 자료로 선택하기에는 여러가지 문제를 안고 있다. 따라서 동경 및 와당류에 나타나는 일상과 월상에 대한 분석은 그와 관련된 여러 가지 문제에 대한 검토와 함께 차후의 새로운 작업에서 행하기로 하고 이 글에서는 일단 고분을 장식하였던 여러 가지 기물에 표현된 日像, 月像을 중심으로 시대별, 지역별 日月의 표현방식과 그에 깔린 인식의 문제를 살펴보고자 한다.

漢代의 고분을 장식하는 데에 즐겨 쓰였고 南北朝時代에 이르기까지 일부지역에서 제작이 계속되었던 畫像石, 畫像磚[1]은 다양한 주제와 내용의 신화, 설화를 담고 있어 일찍부터 중국의 고대신화 및 종교연구와 관련하여 주목의 대상이 되었다.[2] 화상석, 화상전의 해와 달도 기본적으로는 일정한 신화 및 설화의 구성요소 가운데 하나로 등장한다. 나아가 화상석, 화상전의 해와 달은 특정 설화 및 신화의 이야기 전개에 중심적 역할을 하는 경우가 일반적이다.

그런데 잘 살펴보면 화상석, 화상전의 해와 달은 표현방식에서 일정한 유형성을 지니고 있으며 각 유형이 특정지역과 밀접한 관계를 맺고 있음이 드러나 주목된다. 漢에서 南北朝에 이르는 시기에 제작된 화상석, 화상전의 해와 달은 크게 두 가지, 神格의 형태와 星座의 형태로 표현된다. 신격의 형태일 경우 羽人型과 伏羲·女媧型, 東王公·西王母型 등으로 나타나며 성좌의 형태일 경우에는 陽鳥型과 純粹星座型으로 표현된다. 漢代에 나타나는 가장 이른 시기의 日月像으로 생각되는 陽鳥型 日月像부터 차례로 살펴보기로 하자.

1) 星座型 日月像

앞에서 이미 지적하였듯이 성좌형 일월상에는 양조형 일월상과 순수성좌형 일월상의 두 가지 유형이 있는데, 이 가운데 보다 이른 시기의 표현형은 양조형 일월상인 듯하다. 양조형 일월상이란 陽鳥星宿畫像이라는 일반적인 명칭만으로도 알 수 있듯이 화상석이나 화상전으로 꾸며진 묘실천장의 星宿圖를 구성하는 핵심요소의 하나로 등에 圓輪을 진 채 하늘을 나는 새의 형태로 표현된다.(그림 1) 양조형 日月像畫像의 출토 사례를 알기 쉽게 정리하면 표 1)과 같다.[3)]

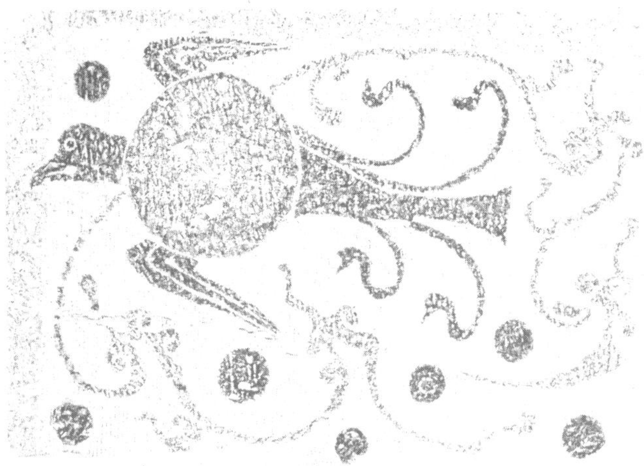

그림 1) 河南 南陽新店鎮英庄墓M4號墓出土 陽鳥星宿畵像

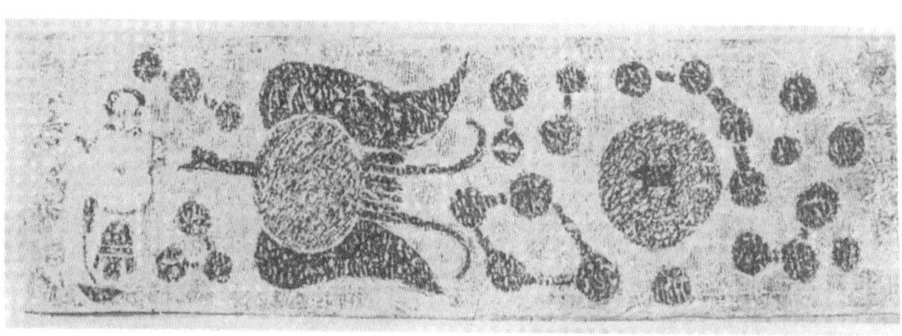

그림 2) 河南 南陽西丁鳳店出土 陽鳥星宿畵像

표 1) 畫像石·畫像磚의 陽烏型 日月像

	名 稱	出 土 地	時 代	日 像	位 置	圖面構成要素	
						月 像	其 他
1	陽烏星宿畫像	河南南陽西丁鳳店漢墓	漢	圓輪을 등에 진 陽烏	전실천장	(원륜안에 엎드린 두꺼비)	星座
2	陽烏星宿畫像	河南南陽新店英庄M4號漢墓	後漢初	圓輪을 등에 진 陽烏		(원륜 : 嫦娥)	嫦娥(人身蛇尾), 應龍, 雷公
3	陽烏星宿畫像	河南南陽	後漢	圓輪을 등에 진 陽烏		(원륜안에 엎드린 두꺼비)	星座
4	陽烏星宿畫像	江蘇銅山白集漢墓	後漢	圓輪을 등에 진 陽烏	중실동벽북측		應龍,樓中人物
5	陽烏星宿畫像	河南南陽十里鋪漢畫像石墓	後漢末	圓輪을 등에 진 陽烏	제2폭(전실동편뚜껑돌)		星座, 兩瑞二頭神獸
6	陽烏星宿畫像	河南南陽十里鋪漢畫像石墓	後漢末	圓輪을 등에 진 陽烏	제17폭 (후실서편뚜껑돌)		星座
7	陽烏星宿畫像	河南南陽	漢	輪(엎드린 두꺼비)을 등에 진 陽烏 : 日月合璧像으로 봄		(성좌안에 앉은 옥토끼)	星座

표 1)에서 볼 수 있듯이 양조형 일월상은 河南 南陽일대에서 집중적으로 발견되고 있으며 대부분 日像이다. 이들 양조형 日像이 출현하는 화상석, 화상전의 같은 화면 안에서 月像이 표현될 경우 원륜 내에 달을 상징하는 두꺼비가 쭈그리고 앉아 있는 모습으로 묘사되어 일상과 대조를 이룬다.(그림 2) 양조형 일상에 대한 관념은 한대 중국인의 지리관, 우주관의 반영인 『山海經』의 일부 구절에서도 잘 나타난다.[4] 남양일대 陽鳥型 日月畵像의 예로 보아 적어도 後漢末까지는 양조형 일상에 대한 관념이 하남지방을 중심으로 일정한 영향력을 유지하고 있었음을 알 수 있다.

그런데 위의 화상석, 화상전의 陽鳥 가운데에는 월륜을 안고 있는 것도 있어 주목된다. 표 1)의 7이 그러한 경우이다.(그림 3) 이 화상석에서 陽鳥는 두꺼비가 들어 있는 원륜을 안고 구름과 별들 사이를 날고 있으며 화면의 다른 한편에는 8개의 별로 이루어진 둥근 별자리 안에 달을 상징하는 옥토끼가 앉아 있다. 따라서 이 화상석에는 월상만 두 개 그려진 셈이다. 그러나 우주를 구성하는 핵심적 존재인 해와 달 가운데 달만 두 개를 그려서 우주를 나타냈다고 보기는 어렵다. 이 화상석의 양조를 월상으로 해석하기에는 난점이 있다.

표 1)의 1~6의 양조형 일상이 단순히 원륜의 모습으로 나타나고 있음을 감안한다면 표 1)의 7의 양조는 앞의 것들보다 늦은 시기에 출현한 日月合體型으로 보는 것이 합리적일 듯하다. 이에 대해서는 이미 日月合璧의 상서로움을 논한 중국 고대문

현의 내용과 연계한 해석이 제시된 바 있다.[5] 해를 나르는 까마귀에 대한 가장 초보적인 표현인 양조형 일상에 대한 관념과 표현은 같은 漢代에도 일정한 변화를 보이는데, 순수성좌형 일상 중에서 이것을 확인할 수 있다.

순수성좌형 일월상이란 특정한 祥瑞動物이나 神格과 결합됨이 없이 표현되는 해와 달 그림을 의미하나 그 구체적인 형태는 여러 가지이다. 순수성좌형 日月像畵像의 출토 사례를 지역별로 묶어 정리하면 표 2)와 같다.[6]

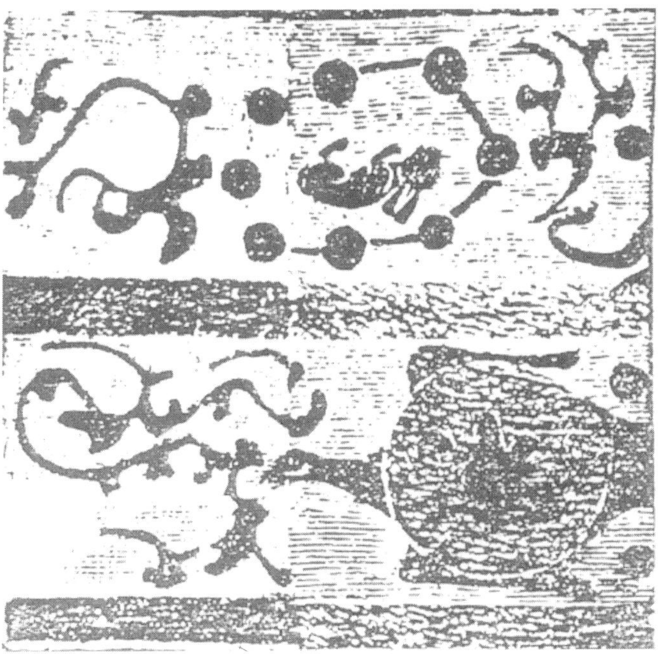

그림 3) 河南 南陽出土 陽鳥星宿畵像

표 2) 畫像石·畫像磚의 純粹星座형 日月像

	名稱	出土地	時代	日像	位置	月像	位置	備考
1	嫦娥奔月畫像	河南南陽西關漢墓	漢			엎드린 두꺼비		星座
2	牛郎織女天文畫像	河南南陽	漢			둥근 성좌안에 앉은 옥토끼		星座, 牽牛,織女, 白虎
3	月像畫像	河南南陽	漢	(두꺼비가 있는 圓輪을 등에 진 陽鳥 :日月合璧)		둥근 성좌안에 앉은 옥토끼		
4	蒼龍星座畫像	河南南陽浦山鄉玩堂漢墓	漢			춤추는 두꺼비, 달리는 옥토끼		星座, 蒼龍
5	日月畫像	河南南陽新店鎭英庄M8號漢墓	後漢初	날아가는 까마귀	玄室 南門道上方	엎드린 두꺼비	玄室北門道上方	묘실문좌우기둥에 문지기
6	嫦娥奔月畫像	河南南陽河南南陽新店鎭英庄M4號漢墓	後漢初	(圓輪을 등에 진 陽鳥)	(前室天障石)	圓輪(嫦娥:人身蛇尾)	前室天障石	星座, 應龍, 雷公
7	日月畫像	河南唐河針織廠漢墓	後漢初	날아가는 세발까마귀	北主室天障石	엎드린 두꺼비	南主室天障石	星座, 白虎
8	月像畫像	河南登村	118 (後漢)			엎드린 두꺼비, 약찧는 옥토끼	少室石闕	
9	月像畫像	河南登村	123 (後漢)			엎드린 두꺼비, 약찧는 옥토끼	啓母石闕	
10	月像畫像	河南南陽十里鋪漢墓	後漢末			엎드린 두꺼비	중실북편천장석	羽人, 西神
11	日月畫像	陝西綏德黃家塔後漢畫像石墓	96 (後漢)	날아가는 까마귀 紅日	M6號門楣左	두꺼비 白月	M6號門楣右	좌우 기둥에 西王母, 扶桑
12	日月畫像	陝西綏德黃家塔後漢畫像石墓	96 (後漢)	날아가는 까마귀 紅日	M9號門楣左	두꺼비 白月	M9號門楣右	좌우 기둥에 西王母, 扶桑
13	日月畫像	陝西米指後漢畫像石墓4號墳	107 (後漢)	紅	前室天障	墨月	後室天井	
14	日月畫像	四川西昌	後漢	까마귀		두꺼비		四神, 西王母畫像磚과 동반
15	月像畫像	山東鄒縣金斗山漢畫像石墓	後漢			엎드린 두꺼비	墓室天障	
16	月像畫像	山東曲阜孔林後漢畫像石墓	後漢			엎드린 두꺼비,약찧는 옥토끼		
17	日月畫像	山東肥城縣孝堂山郭巨祠	129 (後漢)	날아가는 까마귀	玄室天障	엎드린 두꺼비,달리는 옥토끼	현실천장	星座, 織女, 飛鳥
18	日月畫像	江蘇銅山崗子1號墓	後漢末	날아가는 까마귀	中室天障石			

표 2)에서 볼 수 있듯이 순수성좌형 일월상은 앞에서 보았던 양조형 일월상과 달리 화상석, 화상전묘 조성의 중심지인 河南, 山東, 四川뿐 아니라 그 주변 지역에서도 보편적으로 발견된다. 일상은 붉은 원륜으로만 표현되는 경우도 있으나 붉은 원륜 안에 날아가는 까마귀가 들어 있는 형태로 나타나는 것이 일반적이다.[7](그림 4)

그림 4-1) 江蘇 銅山崗子1號墓 中室天障石日像

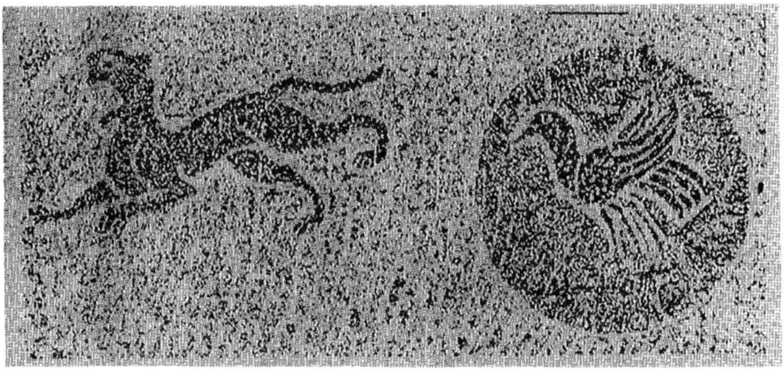

그림 4-2) 河南 唐河針織廠漢畵像石墓出土 日像

도상적으로 볼 때 원륜 안에 하늘을 나는 까마귀가 들어 있는 형태의 일상은 앞의 양조형 일상의 변형이며 보다 발전된 형태의 일상이다. 이러한 형태의 일상은 까마귀가 지니는 해를 나타내는 존재로서의 상징성이 앞의 양조형 일상의 단계보다 강화되었음을 뜻한다. 뒷 절에서 보다 상세히 살펴보기로 하자.

순수성좌형 일월상에서 월상은 일상의 경우와 달리 보다 다양한 형태로 표현된다. 화상석 중의 다른 별들과 같이 월상이 단순히 원륜으로만 표현되는 경우도 있으나 대개의 경우 원륜 안에 두꺼비와 옥토끼가 단독으로, 혹은 함께 들어 있는 형태로 표현되는 예가 많다.[8] 두꺼비가 원륜 안에서 등을 보이며 엎드려 있는 모습으로 나타나는 것이 일반적인 데에 비해(그림 5) 옥토끼는 앉아 있는 모습, 달리는 모습, 절구에 약을 찧는 모습 등 여러 가지 모습으로 나타난다.[9] 앉은 모습의 옥토끼는 7개 내지 8개의 별로 이루어진 둥근 성좌 안에 들어 있는 형태로 표현되며 (그림 6) 달리거나 약을 찧는 토끼는 달 속에서 두꺼비와 함께 등장한다.(그림 7) 漢代 화상석, 화상전에서 토끼는 월상과 관계 없이 홀로 혹은 짝을 이루어 서왕모의 주변에서 약절구에 불사약을 찧는 모습으로 나타나기도 한다.(그림 8)

한편 순수성좌형 월상화상 가운데에는 人身蛇尾의 姮娥가 달로 도망치는 모습이 그려진 것도 보인다.(그림 9) 항아가 남편 羿가 서왕모에게서 얻은 不死藥을 혼자 먹고 달로 도망쳐 두꺼비가 되었다는 중국의 옛설화에 근거한 표현이다.[10)]

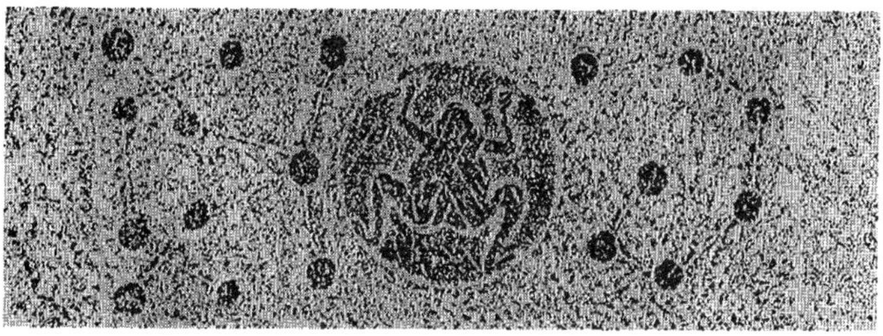

그림 5) 河南 唐河針織像漢畫像石墓出土 月像

그림 6) 河南 南陽出土 牛郎織女天文畫像

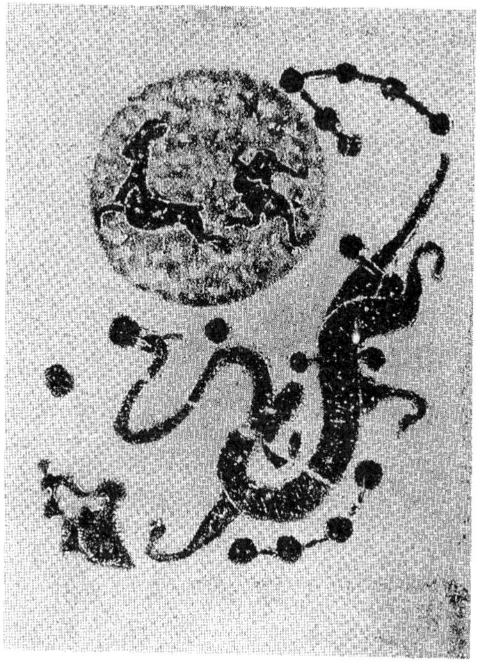

그림 7) 河南 南陽浦山鄕阮堂出土蒼龍星座畫像

그림 8) 山東 嘉祥洪山村出土 西王母·製車畫像

그림 9) 河南 南陽西關漢墓出土 嫦娥奔月畫像

2) 日神, 月神의 日像·月像

日月像과 함께 등장하는 神格型 일신, 월신의 유형은 羽人型, 伏羲·女媧型, 西王母·東王公型 및 기타유형 등 4가지로 구분할 수 있다. 이들 4가지 유형 가운데 가장 이른 시기의 형태로 추정되는 것은 우인형이다. 羽人型 日月神이란 일상 혹은 월상을 등에 지고 하늘을 나는 人頭鳥身의 존재를 가리킨다. 우인형 일월신화상의 출토례를 정리하면 표 3)과 같다.[11)]

표 3)에서 알 수 있듯이 우인형 일월신은 모두 後漢時期에 제작된 화상석 및 화상전에서 나타나고 있으며 출토지는 四川省 一帶이다. 앞에서 살펴 본 양조형 일월상이 河南一帶의 화상석, 화상전에서 주로 발견되는 것과 비교되는데 우인형 일월신 관념이 사천성 일대에서 특히 유행하였기 때문에 나타나는 현상으로

생각된다.

화상전의 羽人은 거의 예외 없이 머리에 冠을 쓰고 있으며 日神·月神이 서로 대칭적인 모습으로 표현되는 경우가 많다.(그림 10) 그런데 주목되는 것은 묘실벽화에서 성좌형 일월상이 묘실 천장의 동측 및 서측에 그려지는 것이 일반적인 데에 비하여 四川 新繁淸白鄕1號漢墓의 예 〔(표 3)의 1~4〕 에서 볼 수 있듯

그림 10-1) 四川 彭縣出土日神羽人畵像

그림 10-2) 四川 彭縣出土月神羽人畵像

이 이들 우인형 일월신 화상은 대개 묘실 입구 안쪽 상단이나 안벽 상단 중앙에 나란히 감입되며 日月神畫像磚 사이에는 서왕모 화상전이 자리 잡는 경우가 많다는 점이다.(그림 11) 이것은 일월에 대한 인식과 관계되는 것으로 보인다. 羽人의 얼굴은 대개 측면향이나 때로 정면향인 것도 있다.(그림 12) 정면향의 우인은 위로 솟구치는 듯한 자세를 취하고 있는 것으로 보아 日月의 東西運行보다는 떠오름을 표현하는 데에 중점이 두어졌던 때문이 아닌가 생각된다.

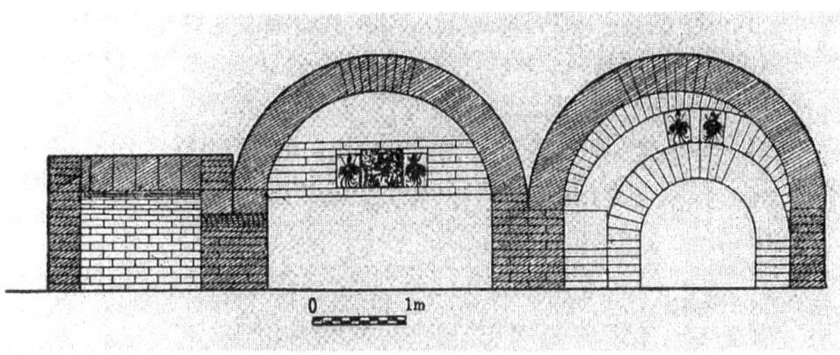

그림 11-1) 四川 新繁淸白鄕1號漢墓 東·西前室橫斷面圖

그림 11-2) 11-1의 세부

표 3) 羽人型 日月神의 日月像

	名稱	出土地	時代	日像	位置	月像	位置	備考
1	日月羽人畵像	四川新繁淸白鄕後漢畵像磚1號墓	後漢	羽人背圓輪內 날아가는 까마귀	東側室北壁上部	羽人背圓輪內 두꺼비, 계수	東側室北壁上部	西王母磚의 左右
2	日月羽人畵像	四川新繁淸白鄕後漢畵像磚1號墓	後漢	羽人背圓輪內 날아가는 까마귀	西側室北壁上部	羽人背圓輪內 두꺼비, 계수	西側室北壁上部	西王母磚의 左右
3	日月羽人畵像	四川新繁淸白鄕後漢畵像磚1號墓	後漢	羽人背圓輪內 날아가는 까마귀	西前室北壁上部	羽人背圓輪內 두꺼비, 계수	西前室北壁上部	西王母磚의 左右
4	日月羽人畵像	四川新繁淸白鄕後漢畵像磚1號墓	後漢	羽人背圓輪內 날아가는 까마귀	東前室北壁上部	羽人背圓輪內 두꺼비, 계수	東前室北壁上部	
5	日月羽人畵像	四川新都	後漢	羽人背圓輪內 날아가는 까마귀		羽人背圓輪內사람모양 두꺼비, 계수		
6	月像羽人畵像	四川新都	後漢			羽人背圓輪內사람모양두꺼비, 계수		
7	月像羽人畵像	四川彭縣太平鄕	後漢	羽人背圓輪內 날아가는 까마귀		羽人背圓輪內사람모양두꺼비, 계수		
8	日月羽人畵像	四川邛崍花牌坊	後漢	羽人背圓輪內 날아가는 까마귀		羽人背圓輪內사람모양두꺼비, 계수		둘레에 여러 개의 별
9	日月羽人畵像	四川簡陽鬼頭山後漢崖墓	後漢	羽人背圓輪內		羽人背圓輪內 두꺼비, 계수		
10	羽人畵像	四川成都西門外	後漢	羽人背圓輪內 까마귀?	3號棺左壁	羽人背圓輪內 두꺼비?	3號棺左壁	일월구분불능
11	羽人畵像	四川蘆山	後漢	羽人背圓輪內 까마귀?		羽人背圓輪內 두꺼비?		일월구분불능
12	日月羽人畵像	四川西唱	後漢	羽人背圓輪內 까마귀		羽人背圓輪內 달리는 토끼?		

그림 12) 四川 成都出土 羽人畫像

우인형 일신의 등에 실린 일륜 속의 까마귀는 거의 예외 없이 日神과 같은 방향으로 나는 모습으로 표현된다. 일륜 안에 까마귀 외의 다른 상징물은 등장하지 않는다. 우인형 월신이 나르는 월상의 경우 표 3)의 12의 西昌 出土 화상전 외에는 모두 두꺼비와 계수나무가 함께 나타난다. 주목되는 것은 달 속의 계수나무이다. 이 계수나무는 앞에서 살펴본 성좌형 월상에서는 보이지 않던 것으로 뒤에 살펴볼 사천출토 화상석의 여와형 월신이

들고 있는 월상에서 확인할 수 있듯이 후한시기까지는 사천일대의 월상에서만 나타나고 있다.[12] 위진남북조 이후에는 월상의 구성요소의 하나로 지역에 관계 없이 일반화되지만 後漢時期까지 주로 사천성일대의 월상화상에서만 계수나무가 보이는 원인에 대해서는 아직 합리적 설명이 제시되지 못하고 있다.

달 속의 계수나무를 不死木의 변형으로 보는 것이 일반적이나 이것만으로는 미진하다. 불사목의 상징으로 널리 알려진 것은 뽕나무인데, 달 속에 나타나는 것은 왜 계수나무인지가 설명되지 못하고 있기 때문이다. 혹 계수나무와 뽕나무가 지닌 한약재로서의 특정한 효능과 관계 있는 것이 아닌지 모르겠다. 왜냐하면 계수나무의 껍질과 어린 가지는 옛부터 혈액순환과 해열에, 뽕나무가지는 해독, 해열에 효능이 있어 주요한 한약재로 취급받았기 때문이다. 계수나무와 뽕나무가 지닌 이와 같은 약재로서의 기능이 불노장생관념과 연결되어 옥토끼가 찧는 仙藥의 재료로서, 나아가 달 속의 불사목의 상징으로 인식되기에까지 이른 것이 아닐까.[13]

월상 중의 두꺼비는 사람처럼 서 있거나 계수나무에 기대려는 듯한 자세를 취한 경우가 많다. 두꺼비의 이러한 자세는 사천출토 서왕모전에 보이는 춤추는 두꺼비를 연상시킨다.(그림13) 월륜 속의 두꺼비가 서왕모설화와 밀접한 관련을 지닌 존재임을 시사하는 표현이다.[14]

그림 13-1) 四川 新繁淸白鄕1號漢墓出土 西王母畫像

그림 13-2) 四川 新都新龍鄕出土 西王母畫像

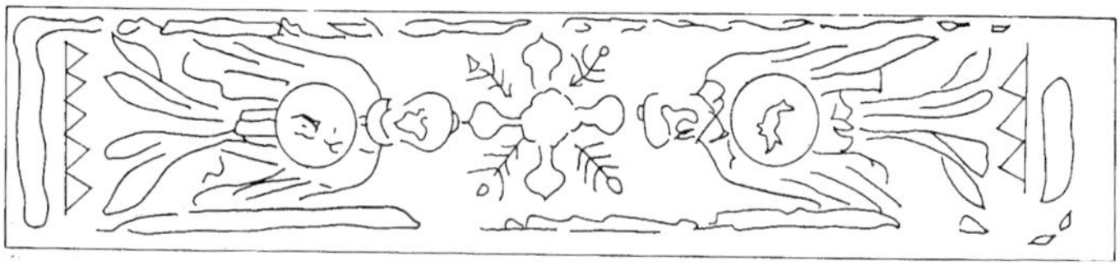

그림 14) 四川 西昌出土 日月羽人畫像

그런데 사천출토의 우인형 일월신 화상의 일월상 가운데 특히 주목되는 것은 西昌출토 화상전의 우인형 월신이 등에 지고 있는 월상이다.(그림 14) 이 월상의 구성요소는 앞에서 살펴본 다른 월상의 경우와 같이 두꺼비와 계수나무가 아닌 옥토끼이기 때문이다. 成都를 비롯한 사천성 중심부의 여러 지역에서 발견된 우인형 화상전에서 일반적이던 월상의 구성요소로서의 두꺼비와 계수나무가 서창에서는 옥토끼로 대체된 것이다. 어떤 이유에서일까? 서왕모 설화의 구성요소의 하나이기도 한 옥토끼가 後漢의 어느 시기엔가 달의 상징으로 화하고 화상석에 구체적으로 표현된 것이 사천에서는 서창에서만 발견된 때문일까? 아니면 漢 이전부터 서창이 중국에서 인도 및 미얀마로의 교통로로 이용되는 과정에서 인도의 옥토끼설화가 유입된 결과일까.[15)]

그러나 달 속의 토끼에 대한 언급은 이미 『楚辭』와 같은 春秋戰國時代의 문헌 중에서 찾아진다. 따라서 위의 두 가지 가능성을 고려하기 이전에 강남지방에서의 월상인식 및 표현의 전개과정에 대한 검토가 우선되어야 할 것이다.[16)] 다만 뒤에 살펴볼 四川 郫縣出土 畫像石棺의 여와형 월신화상의 달 속의 옥토끼로 보아 적어도 후한시기에는 사천의 일부 지방에서 달의 상징으로서 두꺼비와 계수나무를 대체하는 존재로서 옥토끼가 일정한 역할을 하고 있었음은 확실하다 하겠다.

복희·여와형 일월신은 앞의 우인형 일월신과 달리 하남, 산동, 강소 등 중국의 여러 지역의 화상석, 화상전묘에서 발견된다. 복희·여와형 일월신 화상의 출토 사례를 정리하면 표 4)와 같다.[17] 복희, 여와는 본래 創造神, 始祖神으로 숭앙되던 존재로[18] 대개의 경우 손에는 規와 矩를 들고 꼬리는 서로 맞대어 교접한 人面蛇身의 남녀신의 모습으로 표현된다.[19] 복희, 여와는 屈原의 『楚辭』 중에 楚王의 廟堂에 그려진 모습이 노래되어 전할 정도로 이미 戰國時代에 신앙대상으로 여겨지던 존재였다.[20] 창조신으로, 혹은 문명신으로 알려져 規와 矩로 천지를 재고 나누는 일을 하였다고 이야기되던 복희, 여와가 언제부터 일상과 월상을 든 일신, 월신의 모습으로 표현되기 시작하였는지는 명확치 않다.[21] 복희·여와형 일월신 화상의 출토 사례로 보면 늦어도 前漢時期에는 시작되었던 것 같다.[22]

표 4) 伏羲·女媧型 日月神의 日月像

	名稱	出土地	時代	日像	位置	月像	位置	備考
1	伏羲女媧畵像	四川宜縣崖墓	後漢	圓輪內◇	棺尾(大棺)面右	圓輪內◇	棺尾(大棺)面左	捧日月, 尾相交接, 手執規矩
2	伏羲女媧畵像	四川宜縣崖墓	後漢	圓輪內◇	棺尾(小棺1)面右	圓輪內◇	棺尾(小棺1)面左	捧日月, 尾相交接, 手執規矩
3	伏羲女媧畵像	四川宜縣崖墓	後漢	圓輪內◇	棺尾(小棺2)面右	圓輪內◇	棺尾(小棺2)面左	捧日月, 尾相交接, 手執規矩
4	伏羲女媧畵像	四川長寧七個洞崖墓M1號	125~181(後漢)	圓輪	M1號墓門框左	圓輪	M1號墓門框右	捧日月, 畵像分離
5	女渦捧月畵像	四川長寧七個洞崖墓M3號	125~181(後漢)			圓輪	M3號墓室北壁	兩手捧月
6	伏羲女媧畵像	四川長寧七個洞崖墓M6號	125~181(後漢)	圓輪	M6號墓門框石	圓輪	M6號墓門框左	捧日月, 畵像分離
7	伏羲女媧畵像	四川長寧七個洞崖墓M6號	125~181(後漢)	圓輪	M6號墓右石棺	圓輪	M6號墓左右棺	捧日月, 尾相交接, 兩手相接
8	伏羲女媧畵像	四川長寧七個洞崖墓M7號	125~181(後漢)	圓輪	M7號墓門框石	圓輪	M7號墓門框右	捧日月, 畵像分離
9	伏羲女媧畵像	四川長寧七個洞崖墓M3-4號	125~181(後漢)	圓輪	M3-4號墓門 사이	圓輪	M3-4號墓門사이	捧日月, 畵像分離
10	伏羲女媧畵像	四川廣漢城外	後漢	까마귀	畵面石	두꺼비	畵面左	捧日月, 畵像分離
11	伏羲女媧畵像	四川崇慶縣	後漢	날아가는 까마귀	畵面左	두꺼비, 계수	畵面右	捧日月, 尾相交接, 手執規矩
12	伏羲女媧畵像	四川合川沙坪	後漢	날아가는 까마귀	棺尾面左	두꺼비, 계수	棺尾面右	捧日月, 尾相交接, 手執規矩
13	伏羲擧日畵像	四川合川沙坪後漢畵像石墓	192~214(後漢)	날아가는 까마귀			중단북벽후실입구 문기둥	兩手接日, 人身에 접근
14	伏羲女媧畵像	四川中慶盤溪後漢畵像石墓	後漢	학과같은 까마귀	棺尾面右	두꺼비, 계수	棺尾面左	捧日月, 尾相分離
15	伏羲女媧畵像	四川郫縣新勝鄉後漢磚墓1號墓	後漢	까마귀	棺頭面左	두꺼비, 계수	棺尾面右	捧日月, 尾相交接, 上身相擁
16	伏羲女媧畵像	四川郫縣新勝鄉後漢磚墓2號墓	後漢	까마귀	棺尾(1)面左	옥토끼	棺尾(1)面右	捧日月, 尾相交接
17	伏羲女媧畵像	四川郫縣新勝鄉後漢磚墓2號墓	後漢	까마귀	棺尾(2)面左	옥토끼	棺尾(2)面右	捧日月, 尾相交接
18	伏羲女媧畵像	四川郫縣新勝鄉後漢磚墓2號墓	後漢	까마귀	棺尾(3)面左	옥토끼	棺尾(3)面右	捧日月, 尾相交接
19	伏羲女媧畵像	四川郫縣新勝鄉後漢磚墓3號墓	後漢	까마귀	棺頭(1)面左	옥토끼	棺頭(1)面右	捧日月, 尾相交接
20	常義羲和畵像	河南唐河湖陽漢畵像石墓	漢	까마귀	畵面下	앉아있는 두꺼비	畵面上	兩手捧日月, 上下尾相交接
21	常義羲和畵像	河南南陽新店鎭英庄漢畵像石M8號墓	後漢初	圓輪	전실대들보	? 圓輪	전실대들보	捧日月, 尾相交接
22	常義羲和畵像	河南南陽王庄漢畵像石墓	後漢末魏晋			엎드린 두꺼비	현실천장	兩手捧月, 星座
23	伏羲女媧畵像	陝西米脂後漢畵像石墓2號墳	後漢	까마귀	묘실우측문기둥	두꺼비	묘실좌측문기둥	捧日月,畵像分離
24	伏羲女媧畵像	陝西西安磚林匹婁歡墓	572(北周)	까마귀	右棺뚜껑돌	두꺼비	石棺뚜껑돌	兩手捧日月, 尾相分離
25	伏羲女媧畵像	陝西三原雙盛隋李和墓	582(隋)	小圓	右棺뚜껑돌	小圓	石棺뚜껑돌	捧日
26	伏羲女媧畵像	山東秦庄後漢畵像石墓	漢	圓輪	묘실문기둥	? 圓輪	묘실문기둥	兩手捧日月, 畵像分離
27	伏羲女媧畵像	山東臨沂白莊後漢畵像石墓	後漢	九尾狐, 까마귀		두꺼비, 옥토끼		背圓輪, 畵像分離, 手執規矩
28	伏羲捧日畵像	江蘇西州十里鋪漢墓	後漢	圓輪	後室支柱北面			兩手捧日
29	義和主日畵像	江蘇邳縣白山故子2號墓	後漢後期	까마귀 紅日	전실서벽남측			兩手捧日, 義和人身

화상전에서 복희·여와형 일신·월신은 한 손에는 規·矩 혹은 다른 持物을, 다른 한 손에는 日·月을 받쳐 든 모습으로 표현되기도 하고(그림 15) 일체의 지물 없이 한 손이나 두 손으로 해와 달을 받쳐 든 모습으로 묘사되기도 한다.(그림 16) 두 神은 뱀몸인 하체를 얽어 교미하는 자세로 등장하는 경우가 많으나 교미하지 않은 상태로 마주 보기만 하거나 아예 서로 다른 화상전에 각기 독립적으로 나타나는 경우도 있다.(그림 17)

그림 15) 四川 崇慶出土 伏羲女媧畫像

그림 16-1) 四川 郫縣新勝鄉出土 伏羲女媧畫像

그림 16-2) 四川 廣漢城外出土 伏羲女媧畫像

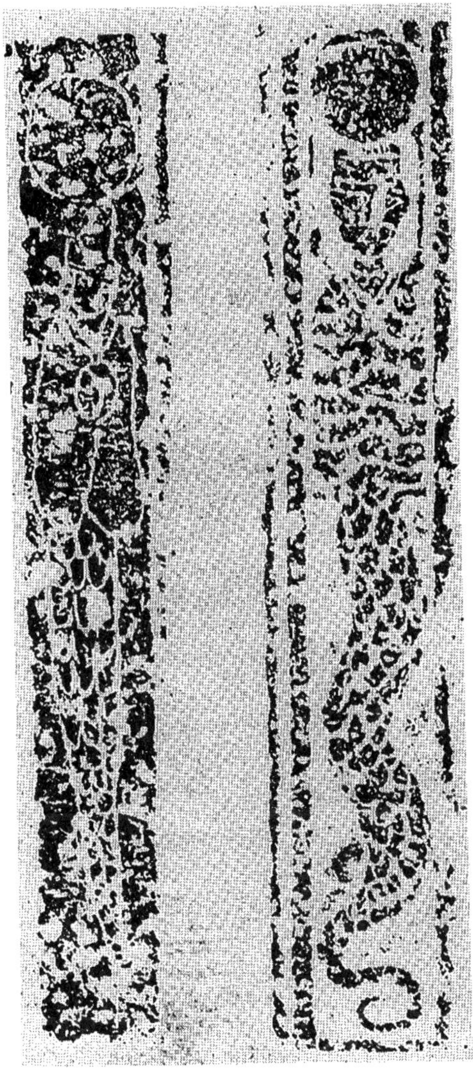

그림 17) 山東 棗庄出土 伏羲女媧畵像

화상석에 등장하는 복희형 일신이 머리위로 받쳐 든 해 안에는 대개 하늘을 나는 까마귀가 그려지나, 혹 鶴과 같은 모습으로 서 있는 까마귀가 묘사되기도 한다.(그림 18) 특이한 것은 산동 臨沂白莊출토 화상석 중의 복희형 日神像이다.(그림 19) 後漢 화상석묘에서 출토된 이 화상석에서 복희형 일신은 한 손에는 規를 들고 다른 한 손에는 笏을 쥔 채 가슴에는 일상을 안고 있다. 일륜 안에는 까마귀와 九尾狐가 들어 있다. 이러한 모습의 일신은 복희형 일신화상에서는 흔치 않은 예로 오히려 羽人型 일신에 가깝다. 형태상 이 일신은 우인형 일신에서 복희형 일신으로 이행하는 과도기적 존재로 생각된다.

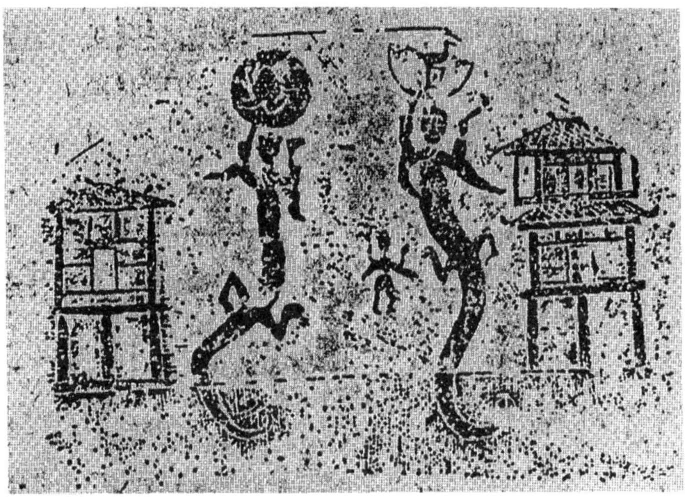

그림 18) 四川 中慶盤溪後漢畵像石墓出土 伏羲女媧畵像

산동지방에서 우인형 일신화상이 출토된 예가 없음을 들어 이 臨沂白莊출토 복희형 일신화상을 산동일대에서 이루어진 복희형 일신화상의 초기형태로 보려는 견해가 있을지도 모르나 日像의 구성요소로 까마귀와 함께 구미호가 등장하는 것으로 보아 이 일신화상을 초기의 복희형 일신화상으로 속단하기는 어렵다. 왜냐하면 이 화상석의 일상에 나타나는 구미호는 본래는 서왕모설화를 구성하는 제요소 가운데 하나로 일상을 나타내는 原요소는 아니기 때문이다. 구미호는 일상을 상징하는 요소로 후대에 더해진 존재이다.

따라서 임기 백장 출토의 이 복희형 일신은 일상을 가슴에 안고 있는 점에서는

그림 19-1) 山東 臨沂白莊出土 伏羲日輪畫像

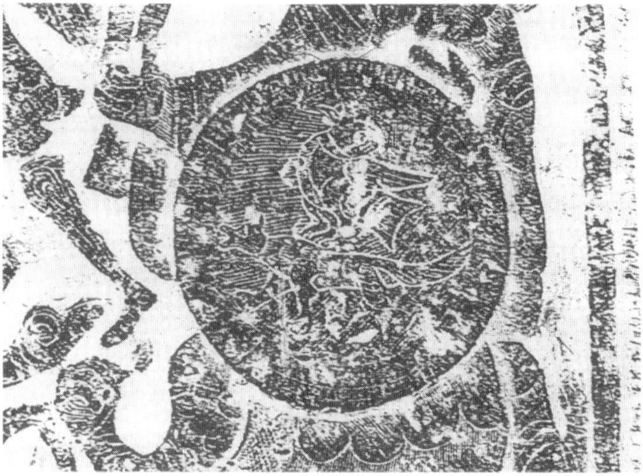

그림 19-2) 19-1의 부분

양조형 일상이나 우인형 일신에서 보았던 것과 같은 보다 이른 시기의 표현요소를 계승하고 있으나 구미호를 일상의 구성요소로 삼고 있는 점에서는 비교적 늦은 시기의 표현요소를 지닌 셈이다. 구미호가 일상의 구성요소로 등장하는 것은 이외에 甘肅 武威磨咀子54號墳 출토 銘旌에서 정도이며 그 외의 예는 아직 보고된 것이 없다.

여와형 월신이 받쳐 든 月像의 표현방식은 일상에 비해 다양하다. 단순한 원륜, 혹은 원륜 안의 두꺼비만으로 표현되던 초기의 월상과 달리 後漢시기의 월상에서는 원륜 안에 두꺼비 외에도 옥토끼와 계수나무가 월상의 구성요소로 추가되어 이 세 가지가 여러 가지 형태로 조합을 이루어 월상을 나타내게 된다.[23] 두꺼비나 옥토끼만으로 월상을 나타내는 경우가 있는가 하면 두꺼비와 계수나무, 두꺼비와 옥토끼가 조합을 이루어 월상을 나타내기도 한다. 뒤에 살펴볼 고분벽화, 명정에서는 월상의 구성요소로 옥토끼와 계수나무 혹은 두꺼비와 옥토끼, 계수가 모두 등장하는 경우도 있지만 이 여와형 월신과 함께 나타나는 월상에서는 이러한 두 가지 형태의 조합은 보이지 않는다.

그림 20-1) 山東 臨沂白莊出土 女媧月輪畫像

지역별로 살펴보면 두꺼비, 계수나무의 조합과 옥토끼만으로 표현되는 월상은 사천지역의 화상석, 화상전에만 보이는 것을 알 수 있다. 월상의 구성요소로서의 계수나무의 등장은 이미 앞의 사천출토 우인형 월신화상 중의 월상에서 살펴보았듯이 사천지역 월상에서의 특징적인 현상이었는데, 여와형 월신 화상에서도 이와 같은 현상이 나타남을 알 수 있다. 이것은 계수나무와 달을 연계시키는 관념이 사천지역에서 특히 강하였음을 반영한다. 월상을 가슴에 안고 있는 산

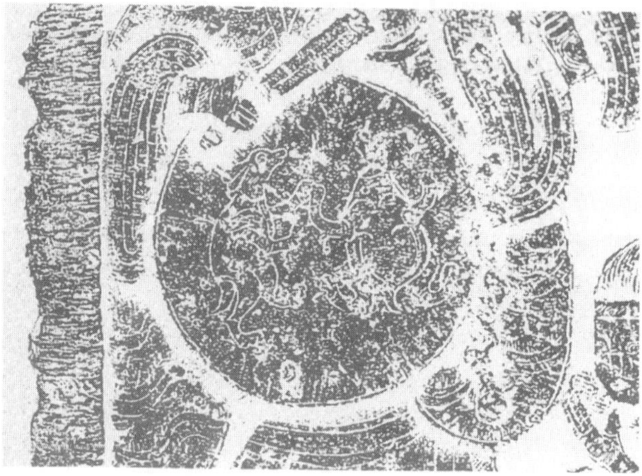

그림 20-2) 20-1의 부분

동 임기 백장 출토 여와형 월신의 존재가 지니는 의미는 위의 복희형 일신의 검토에서 살펴본 것과 같다.(그림 20)

구체적인 神格과 관련하여 등장하는 일상, 월상의 세 번째 유형으로는 일월상이 동왕공·서왕모형 일월신과 함께 표현되는 경우를 들 수 있다. 동왕공·서왕모형과 기타유형 일월신의 일월상 출토 사례 가운데 대표적인 사례를 간단히 정리하면 표 5)와 같다.[24]

동왕공·서왕모형 일월신은 대개 묘실문 들보의 양쪽 끝에 곁에 일륜과 월륜을 동반한 모습으로 표현된다.(그림 21) 畫像은 동방의 日神인 동왕공이 세 마리의 새가 끄는 雲車를 타고 서방이 月神인 서왕모를 만나러 가는 설화적 형태로 구성되는 경우가 많다. 동방의 神인 동왕공이 서방의 神인 서왕모를 일년에 한 번씩 만나 陰陽交合을 행한다는 설화는 後漢時期에 민간에 널리 알려진 이야기이다.[25] 화상석 중에는 동왕공과 서왕모가 해와 달을 동반하지 않은 모습으로 年中交合을 행하는 장면이 묘사된 것도 있다.(그림 22) 이것은 동왕공, 서왕모의 년중 교합이라는 행위가 동왕공·서왕모형 일월신 관념보다 중시되었으며 보다 빠른 시기의 관념일 가능성을 시사한다.

그림 21) (陝西西安碑林所在)前漢郭稚文墓出土 東王公·西王母型日月神畫像

그림 22) 傳山東出土 東王公·西王母畫像(出土地未詳)

표 5) 동왕공·서왕모형 및 기타유형 日月神의 日月像

	名稱	出土地	時代	日像	位置	月像	位置	備考
1	東王公·西王母畫像	陝西綏德蘇家村漢墓	後漢	세발까마귀	墓室門楣西側	두꺼비	墓室門楣東側	東王公, 三鳥雲車
2	東王公·西王母畫像	(陝西西安碑林)郭稚文墓	103(後漢)	세발까마귀	墓室門楣東側	두꺼비	墓室門楣西側	東王公, 三鳥雲車
3	治水畫像	江蘇銅山小李莊苗山1號墓	後漢	서있는 세발까마귀	前室南壁門東側			洪水怪物, 鯀(馬), 象形異獸
4	神農畫像	江蘇銅山小李莊苗山1號墓	後漢			엎드린 두꺼비, 달리는 옥토끼	前室南壁門西側	神農, 瑞鳥, 異獸

그런데 앞에서 살펴본 일월상을 수반한 일월신의 세 가지 유형에 속하지 않으면서 일월신의 다른 한 유형으로 일반화시키기 어려운 경우도 있다. 江蘇 銅山의 화상석묘에서 발견된 治水畵像[26]과 神農畵像[27]이 그것으로 굳이 분류하자면 앞에서 언급한 기타유형에 해당하는 경우이다.(그림 23) 화상 중의 신농은 면류관을 쓴 사람의 모습으로, 鯀은 백마로 그려졌으며 신농과 홍수괴물 곁에는 각기 월륜과 일륜이 묘사되었다. 일륜 속에는 날갯짓하는 세발까마귀가, 월륜 속에는 두꺼비와 옥토끼가 그려졌다. 이 화상에 등장하는 곤과 신농은 신화 속에서 일월신으로는 등장하지 않는 존재이다. 그러나 화상의 내용은 농경관계 신화 속에서 치수사업과 농경의 神인 곤과 신농이 일월과 밀접히 관련되는 존재임을 시사하고 있다. 화상석, 화상전에 표현되는 이와 같은 다양한 형태의 일상과 월상은 같은 시기의 고분벽화 및 명정에서도 찾아볼 수 있다.

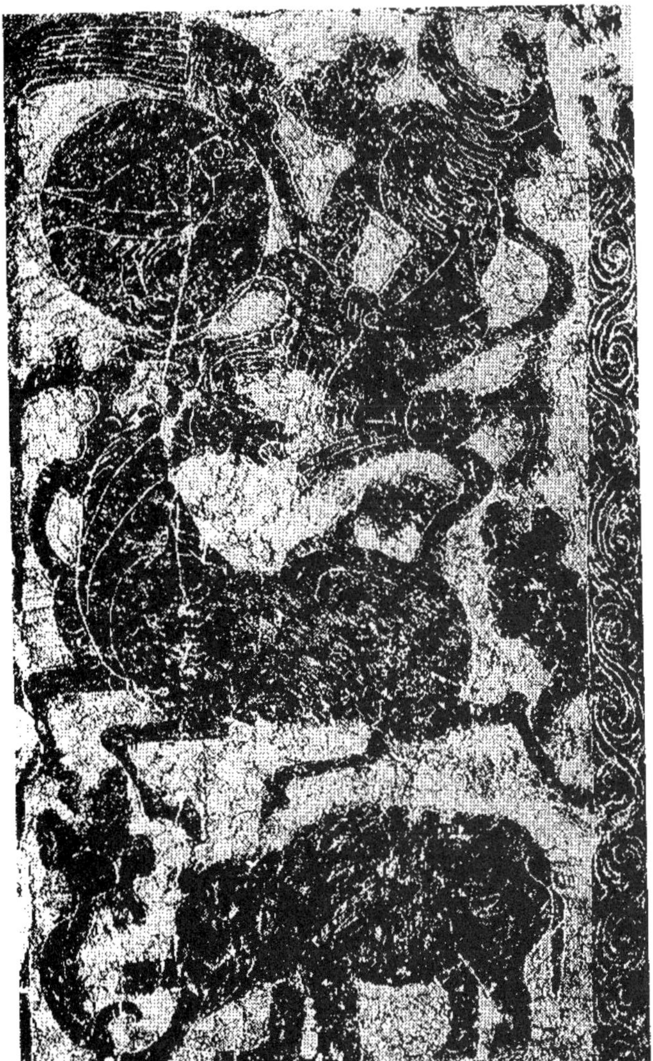

그림 23-1) 江蘇 銅山苗山出土 治水畵像

그림 23-2) 江蘇 銅山苗山出土 神農畫像

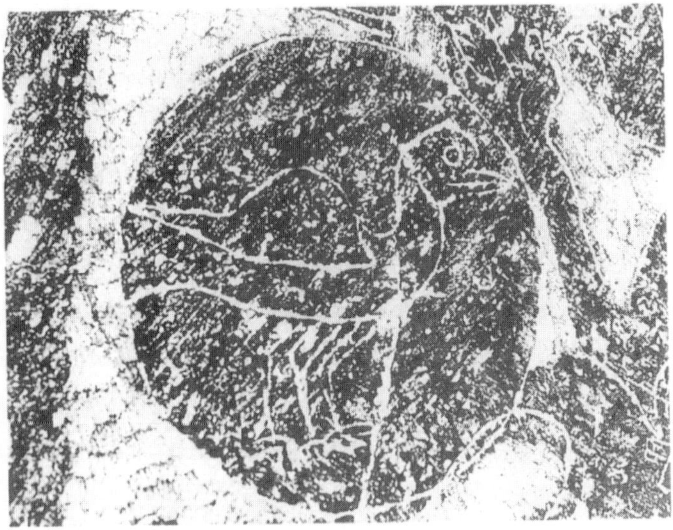

그림 23-3) 23-1의 부분

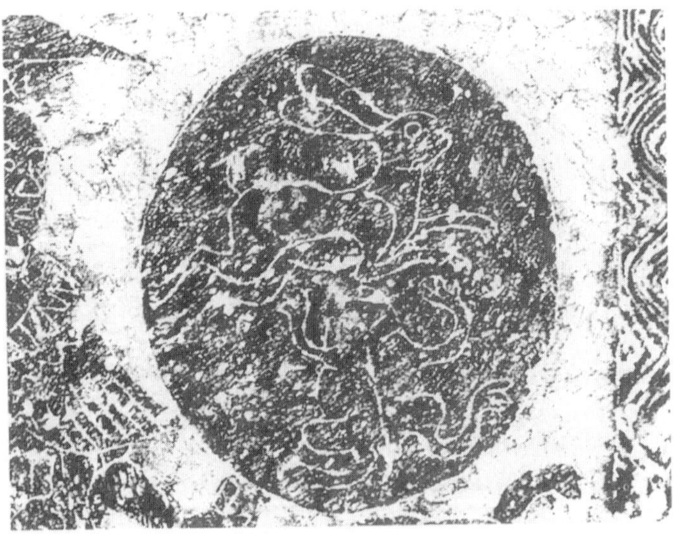

그림 23-4) 23-2의 부분

2. 古墳壁畵·銘旌의 日像·月像

고분벽화와 명정의 일상, 월상도 역시 성좌형과 神格型, 곧 일신·월신형의 두 가지로 구분된다.[28] 그러나 고분벽화와 명정에 그려진 일상과 월상의 경우 앞 장에서와 같이 다시 세부유형으로 나눌 정도로 그 표현형태가 다양하지는 않다. 화상석, 화상전에 보이던 陽鳥型 일월상과 羽人型 일월신이 명정과 고분벽화에는 보이지 않는다.

1) 星座型 日月像

명정과 고분벽화의 성좌형 일월상은 중국 서부의 감숙에서 동부의 요녕에 이르기까지 중국 각지의 한~당대고분에서 널리 발견된다. 명정과 고분벽화의 성좌형 일월상의 출토 사례를 알기 쉽게 정리하면 표 6)과 같다.[29]

표 6)에서 알 수 있듯이 고분벽화 및 명정에서 해의 상징으로 까마귀가 나타나는 점은 앞의 화상석, 화상전에서와 동일하다. 까마귀의 모습은 시대에 따라 조금씩 차이를 보인 다. 漢代의 일륜 속에 그려진 까마귀는 날아가는 제비와 비슷한 것이 대부분인 데에 비해 魏晋 이후의 일륜 속에는 두 발 혹은 세 발 까

표 6) 古墳壁畵, 銘旌의 星座型 日月像

	名稱	出土地	時代	日像	位置	月像	位置	備考
1	日月壁畵	河南洛陽燒溝村61號漢墓	B.C48-8(前漢)	날아가는 까마귀	전실천장동측	사람모양두꺼비, 달리는 옥토끼	전실천장서측	구름, 성좌
2	日月帛畵	湖南長沙馬王堆1號墓	前漢	서 있는 까마귀 朱日	상단오른편	엎드린 두꺼비, 달리는 옥토끼	상단왼편	天神(人身蛇尾), 龍
3	日月帛畵	湖南長沙馬王堆3號墓	前漢	서 있는 까마귀 朱日	상단오른편	엎드린 두꺼비, 달리는 옥토끼	상단왼편	天神(人身蛇尾), 龍
4	日月絹畵	山東臨沂金雀山9號墓	前漢	서 있는 까마귀 紅日	상단오른편	엎드린 두꺼비, 달리는 옥토끼	상단왼편	구름,수목,산
5	日月壁畵	山西平陸棗園村壁畵墓	漢	까마귀 朱日	묘실천장동측	두꺼비	묘실천장서측	구름, 성좌
6	日月壁畵	陝西千陽縣漢墓	新	날아가는 제비형 까마귀	묘실동벽	白月	묘실서벽	구름, 성좌,백호
7	日月壁畵	山西西安交通大附屬小學漢墓	新	날아가는까마귀, 朱日	묘실천장남측	엎드린 두꺼비, 달리는 옥토끼	묘실천장북측	구름, 28宿, 四神
8	日月壁畵	河南洛陽金谷園壁畵墓	新	날아가는 제비형 까마귀	묘실천장	?, 서있는 옥토끼	묘실천장	월륜둘레4엽형구름무늬
9	日月絹畵	甘肅武威磨咀子4號墓	後漢	(날아가는 까마귀)?, 紅日	상단	(엎드린 두꺼비, 달리는 옥토끼)?	상단	
10	日月絹畵	甘肅武威磨咀子23號墓	後漢	날아가는 까마귀, 紅日	상단	엎드린 두꺼비, 달리는 옥토끼	상단	
11	日月絹畵	甘肅武威磨咀子54號墓	後漢	날아가는 까마귀, 달리는 九尾狐, 紅日	상단	엎드린 두꺼비, 달리는 옥토끼	상단	
12	日月壁畵	遼寧遼陽舊城東門里壁畵墓	後漢中期	까마귀 紅日	동관실뚜껑돌	두꺼비 赤月	서관실뚜껑돌	성좌
13	日月壁畵	遼寧朝陽袁臺子東晋壁畵M1號墓	4세기전반(東晋)	서 있는 세발까마귀	묘실천장동측	사람모양두꺼비, 사람모양옥토끼	묘실동벽동측	수렵도
14	日月壁畵	遼寧北票西官營子馮素弗墓	415(北燕)	까마귀 紅日	1호묘곽뚜껑돌	두꺼비, 달리는 옥토끼, 黃月	1호묘곽뚜껑돌	구름, 성좌
15	日月壁畵	山東濟南馬家庄北齊道貴墓	6세기후반(北齊)	날아가는까마귀 赤日	묘실천장서벽	엎드린 두꺼비, 약찧는 옥토끼, 계수	묘실천장동벽	성좌
16	日月壁畵	山西太原南郊唐壁畵墓	7세기후반(唐)	날아가는세발까마귀,紅日	묘실천장동측	초승달형 白月	묘실천장서측	星座, 四神
17	日月壁畵	陝西乾縣唐懿德太子墓	7세기후반(唐)	날아가는세발까마귀,紅日	묘실천장동측	두꺼비	묘실천장서측	星座
18	日月壁畵	新疆투르판아스타나65TAM38호묘	7세기중엽~8세기중엽(唐)	서 있는 세발까마귀	묘실뚜껑돌동북	서있는 두꺼비, 약찧는 옥토끼, 계수	묘실뚜껑돌서남	초승달,28宿,銀河

마귀가 그려지는 것이 일반적이다.(그림 24, 25)

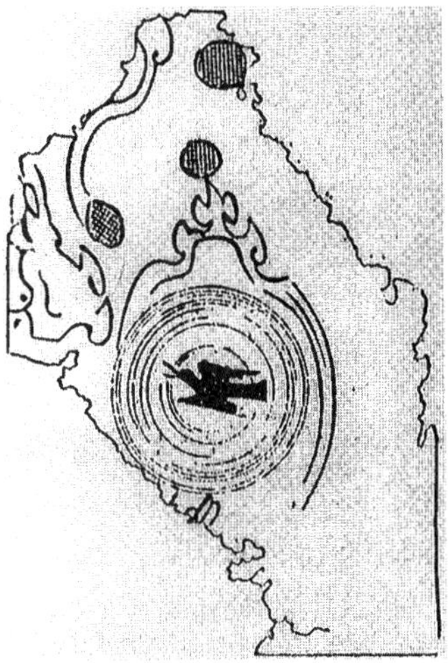

그림 24) 陝西 千陽漢墓 玄室東壁金烏

그림 25) 遼寧 朝陽袁臺子東晋壁畫墓 玄室東側天障石日像

이처럼 해가 까마귀로만 상징되는 경우가 있는가 하면 後漢時期의 분묘로 추정되는 甘肅 武威磨咀子54號墳에서 출토된 명정에서와 같이 해를 상징하는 새로운 존재로 일륜 속에 달리는 九尾狐가 까마귀와 함께 나타나는 경우도 있다.(그림 26) 九尾狐는 앞에서 살펴본 산동 임기 백장의 후한대 화상석묘에서 출토된 복희형 일신화상의 일상에서도 모습을 드러낸 적이 있다.

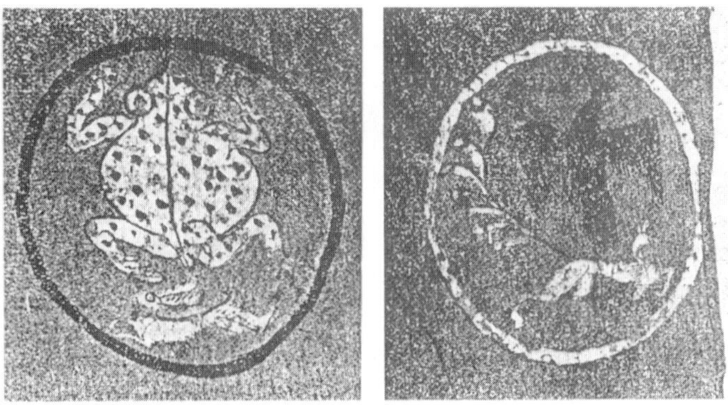

그림 26) 甘肅 武威磨咀子54號後漢墓出土 銘旌의 日像, 月像

월상의 경우 단순히 원륜으로만 표현되기도 하나 원륜 속에 두꺼비와 옥토끼가 함께, 혹은 홀로 그려지는 것이 일반적이다. 한편 山東 濟南에서 발견된 北濟 벽화묘의 玄室 동벽에는 두꺼비, 옥토끼, 계수나무가 모두 그려진 월상이 등장하고 있다.[30] (그림 27) 전통적인 東西의 위치가 바뀐 것은 亡者의 장례일시와 관계된 듯하며 월상의 구성요소로 두꺼비, 옥토끼, 계수나무가 모두 등장하는 것은 漢代에 나타나던 월상표현의 지역성이 이 시기에 이르면 더 이상 의미를 지니지 못했기 때문이 아닐까 생각된다.

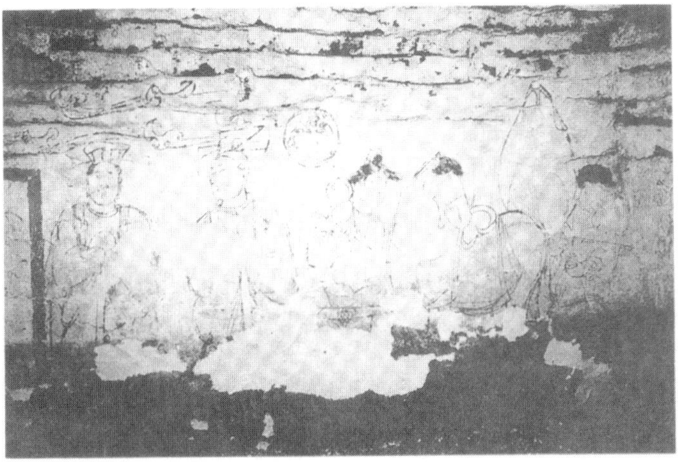

그림 27) 山東 濟南馬加家庄北齊道貴墓 玄室天障部東側月像

2) 日神·月神의 日像·月像

고분벽화와 명정의 일신·월신형 일월상은 크게 복희·여와형과 동왕공·서왕모형으로 나누어진다. 고분벽화와 명정의 복희·여와형 일월신과 동왕공·서왕모형 일월신의 출토례를 간단히 정리하면 표 7)과 같다.[31]

표 7)에서 볼 수 있듯이 복희·여와형 일월신의 가장 이른 시기의 표현형은 하남 낙양의 前漢卜千秋墓壁畵에서 찾아볼 수 있다. 복천추묘에서 일상과 월상은 각기 人身蛇尾의 복희형 일

표 7) 古墳壁畵, 銘旌 日月神의 日月像

	名稱	出土地	時代	日像	位置	月像	位置	備考
1	伏羲女媧壁畵	河南洛陽面粉廠西漢卜千秋墓	B.C86-49(西漢)	날아가는 제비형까마귀	복희 옆	서있는두꺼비와 계수	여와 옆	畵像分離
2	常羲羲和畵像	河南洛陽石油站漢墓	後漢前期	날아가는 까마귀,紅日	전실천장동측	계수 白月	전실천장서측	兩手捧日月,畵像分離
3	伏羲女媧絹畵	新疆투르판아스타나고분(오오타니:서울)	唐	연주문성좌안일륜	복희·여와의 머리위	연주문성좌안월륜	복희·여와의 꼬리밑	捧日月,尾相交接,手執規矩
4	伏羲女媧絹畵	新疆투르판아스타나고분(오오타니:서울)	唐	연주문성좌안초승달	복희·여와의 머리위	연주문성좌안월륜	복희·여와의 꼬리밑	捧日月,尾相交接,手執規矩
5	伏羲女媧絹畵	新疆투르판아스타나고분(오오타니:용곡)	唐	연주문성좌안일륜	복희·여와의 머리위	연주문성좌안월륜	복희·여와의 꼬리밑	捧日月,尾相交接,手執規矩
6	伏羲女媧絹畵	新疆투르판아스타나고분(오오타니:용곡)	唐	연주문성좌안일륜	복희·여와의 머리위	연주문성좌안월륜	복희·여와의 꼬리밑	捧日月,尾相交接,手執規矩
7	伏羲女媧絹畵	新疆투르판아스타나고분(오오타니:용곡)	唐	연주문성좌안일륜	복희·여와의 머리위	연주문성좌안월륜	복희·여와의 꼬리밑	捧日月尾相交接,手執規矩
8	伏羲女媧絹畵	新疆투르판아스타나고분(오오타니:천리관)	唐	연주문성좌안일륜	복희·여와의 머리위	연주문성좌안월륜	복희·여와의 꼬리밑	捧日月,尾相交接,手執規矩
9	伏羲女媧絹畵	新疆투르판아스타나고분(오오타니:여순)	唐	연주문성좌안일륜(세발까마귀?)	복희·여와의 머리위	연주문성좌안월륜	복희·여와의 꼬리밑	捧日月,尾相交接,手執規矩
10	伏羲女媧絹畵	新疆투르판아스타나고분(黃文弼本)	唐	일륜안 세발까마귀	복희·여와의 머리위	서있는두꺼비,약찧는옥토끼,계수	복희·여와의 꼬리밑	捧日月,尾相交接,手執規矩
11	伏羲女媧絹畵	新疆투르판아스타나고분(스타인:뉴델리)	唐	연주문성좌안일륜	복희·여와의 머리위	연주문성좌안월륜	복희·여와의 꼬리밑	捧日月,尾相交接,手執規矩
12	伏羲女媧絹畵	新疆투르판아스타나고분(스타인:뉴델리)	唐	연주문성좌안일륜	복희·여와의 머리위	?	복희·여와의 꼬리밑	捧日月,尾相交接,手執規矩
13	伏羲女媧絹畵	新疆투르판아스타나고분(스타인:뉴델리)	唐	연주문성좌안일륜속세발까마귀	복희·여와의 머리위	연주문성좌안초승달	복희·여와의 꼬리밑	捧日月,尾相交接,手執規矩
14	伏羲女媧絹畵	新疆투르판아스타나고분303호분	551년경(唐)	연주문성좌안일륜	복희·여와의 머리위	연주문성좌안초승달	복희·여와의 꼬리밑	捧日月,尾相交接,手執規矩
15	伏羲女媧絹畵	新疆투르판아스타나고분302호분	643년경(唐)	연주문성좌안일륜	복희·여와의 머리위	연주문성좌안초승달	복희·여와의 꼬리밑	捧日月,尾相交接,手執規矩
16	伏羲女媧絹畵	新疆투르판아스타나고분332호분	663년경(唐)	연주문성좌안일륜속세발까마귀	복희·여와의 머리위	?	복희·여와의 꼬리밑	捧日月,尾相交接,手執規矩
17	伏羲女媧絹畵	新疆투르판아스타나고분43호분	7세기후반(唐)	연주문성좌안일륜	복희·여와의 머리위	연주문성좌안월륜	복희·여와의 꼬리밑	捧日月,尾相交接,手執規矩
18	伏羲女媧絹畵	新疆투르판아스타나고분77호분	8세기전반(唐)	연주문성좌안일륜속두발까마귀	복희·여와의 머리위	연주문성좌안월륜	복희·여와의 꼬리밑	捧日月,尾相交接,手執規矩
19	日月壁畵	甘肅酒泉嘉峪關晋丁M5號墓	4세기말~5세기중엽,(後涼~北涼)	날아가는 까마귀,紅日(東王公)	묘실천장동벽	엎드린 두꺼비(서왕모,구미호,삼족오)	묘실천장서벽	묘실천장중심연꽃

신과 여와형 월신의 곁에 화염에 싸인 원륜의 형태로 커다랗게 그려졌다.(그림 28) 화염이 뻗어 나가는 커다란 일륜 안에는 제비형 까마귀가 날고 있으며 역시 화염이 뻗어 나가는 월륜 안에는 꼬리 달린 두꺼비 한 마리가 계수나무 옆에 사람처럼 두 다리로 서 있다. 일월상 모두 기본적인 표현방식이 같은 시기 이웃 四川의 羽人型 일월신 화상에 나타나는 일월상과 다르지 않다. 이 벽화에서 주목되는 것은 복희형 일신과 여와형 월신의 모습이다. 벽화에서 일신과 월신은 화상석, 화상전에서와 같이 規와 矩를 들고 꼬리를 맞대 교미하는 모습이 아니라 서로 멀리 떨어져 있는 동방과 서방의 세계를 주재하는 神으로 표현되었다.

이 벽화에서 묘주인부부는 산자를 주관하는 동방 복희신의 세계를 떠나 땅의 서쪽 끝에 있는 서방 여와신의 생명과 재생의 세계를 향하고 있다.[32] 이와 같은 설화식 표현은 동왕공·서왕모신앙에 바탕을 둔 것으로 복희·여와신앙의 변형을 시사한다. 이 벽화는 동왕공·서왕모형 일월신설화와 복희·여와형 일월신 관념의 혼합이 이루어지고 그것이 형상화된 결과물인 것으로 추정된다.

고분벽화 및 명정의 복희·여와형 일월신의 또 한 유형은 漢이래 중국의 변경이자 외부로서의 성격을 지니고 있던 新疆 투르판의 아스타나고분군 출토 명정에서 볼 수 있다.[33] 중국계 투르판인의 무덤으로 이루어진 아스타나고분군에서 출토된 명정에는 거의 예외 없이 規와 矩를 들고 꼬리를 맞대어 서로 교미하는 모습의 복희신과 여와신이 그려졌다.[34] 이들의 머리 위와

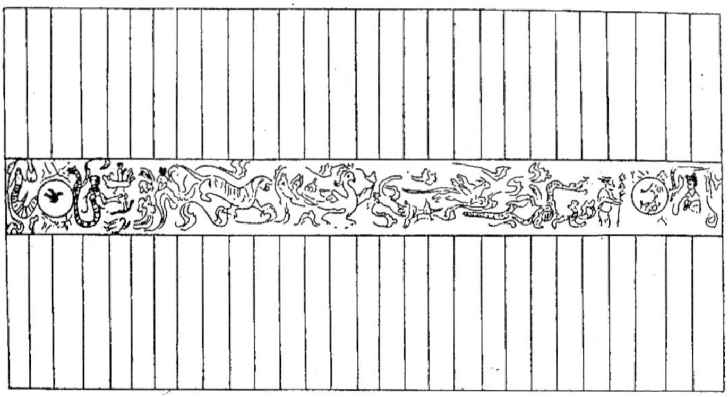

그림 28-1) 河南洛陽面分廠前漢卜千秋墓玄室天障圖

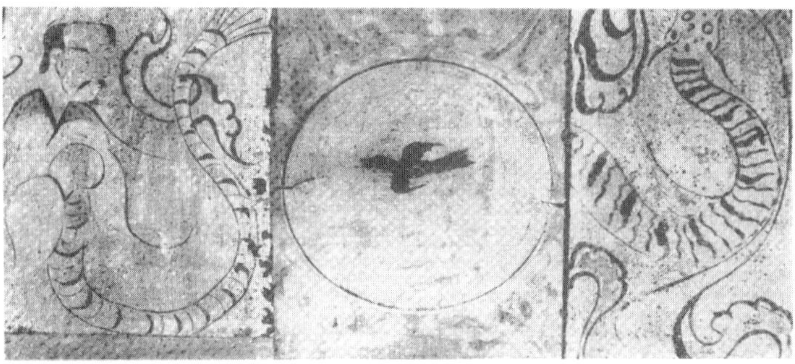

그림 28-2) 28-1의 部分: 伏羲型 日神과 日像

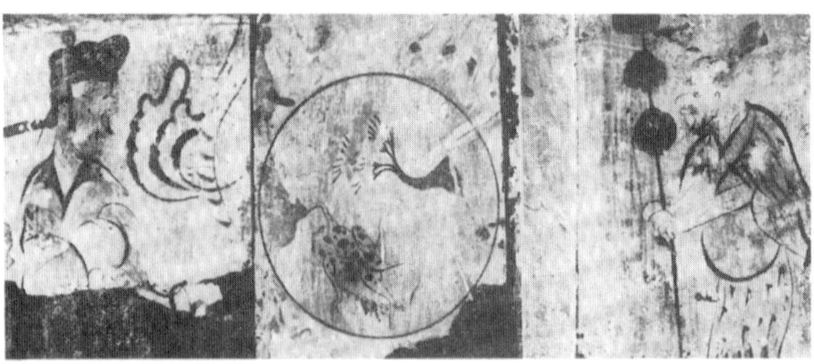

그림 28-3) 28-1의 部分: 女媧型 月神과 月像

다리 사이에는 각기 해와 달이, 주변에는 여러 개의 성좌가 표현되었다.(그림 29) 화면구성으로 보아 이들은 일신과 월신이다. 명정이 출토되는 고분의 조성 시기는 대개 6세기 후반에서 8세기 전반으로 高昌王國시대에서 唐의 직할지배에 이르는 시기이며 무덤의 주인공들은 漢의 서역경영 이래 이 지역에 이주하여 토착세력화한 중국계 투르판인이다.35)

그림 29) 신강 투르판 아스타나고분출토 복희·여와도
(국립중앙박물관소장: 본4027)

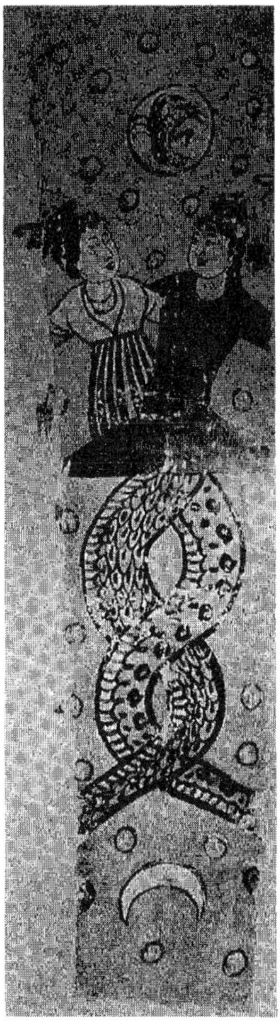
그림 30-1) 신강 투르판 아스타나고분출토 복희·여와도(인도뉴델리박물관 소장)

투르판 출토 명정의 일상은 連珠文의 형태로 둥근 고리를 이룬 성좌로 둘러싸인, 단순히 내부에 아무것도 그려지지 않은 원륜이나 방사상의 문양이 있는 원륜으로 표현되는 것이 일반적이다. 7세기 중반 이후로 편년되는 고분출토 명정 중의 일상에는 정형화된 세발까마귀가 나타나기도 한다.[36](그림 30) 월상의 경우에도 연주문 형태의 성좌 안에 내부에 아무것도 그려지지 않은 원륜이나 초승달의 모습으로 표현되는 것이 일반적이다.

황문필본 복희·여와상 銘旌의 월상에는 두꺼비, 옥토끼, 계수나무가 모두 등장하기도 한다.(그림 31) 앞의 山東 濟南北齊壁畵墓의 월상의 예에서 보았듯이 漢代에 존재했던 월상표현의 지역적 특성이 시간이 경과함에 따라 지역간의 교류와 융합에 의해 본래의 의미를 잃어버리면서 창출된 월상표현상의 새로운 조합의 하나로 추측된다. 이것을 한대에 있었던 월상표현의 한 유형이 투르판으로 이주한 중국인들에 의해 후대에까지 전승된 결과로 보기는 어렵다. 왜냐하면 아직까지는 6세기 이전의 투르판 유물 중에서 漢代 이래의 일월상 표현을 계승한 흔적을 찾을 수 없기 때문이다.

30-2) 30-1의 부분: 日像

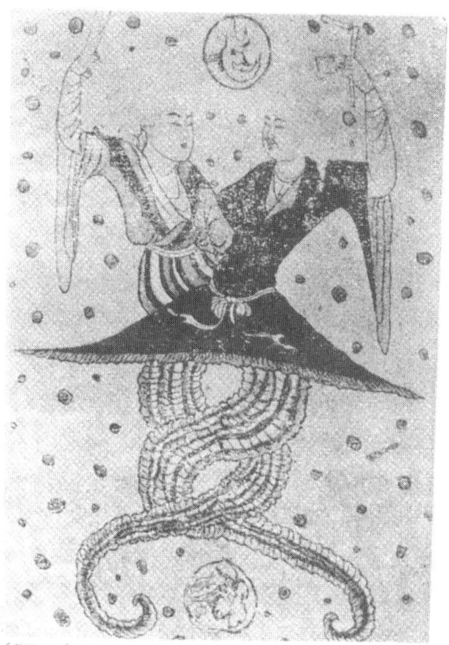

그림 31-1) 신강 투르판 아스타나고분출토 복희·여와도(황문필본)

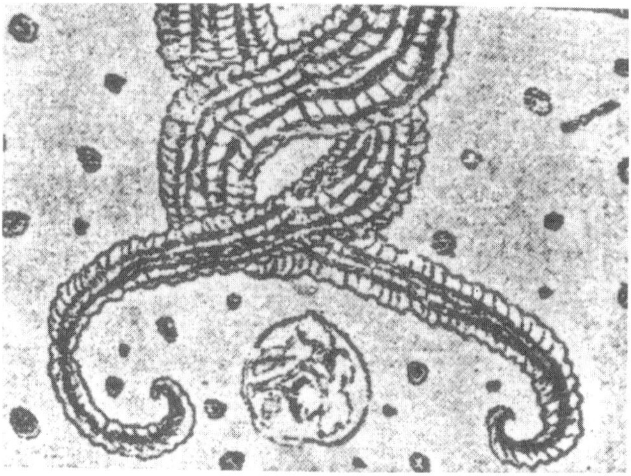

그림 31-2) 31-1의 부분: 月像

그렇다면 이들 명정에 그려진 복희·여와형 일월신은 어떤 유래에 의해 등장하는 존재인가. 隋唐時代 중국의 고분벽화나 명정에는 복희, 여와와 같은 신화적 존재가 그려지는 경우가 드물다는 점을 고려하면 투르판의 복희·여와형 일월신은 그 자체로 매우 특이한 존재인 것이다. 더욱이 수당시대 중국에서 일상과 월상은 고분 묘실의 천장을 장식하는 일월성신도의 구성요소 가운데 하나로 등장할 뿐 특정한 의미나 신성성이 부여되는 존재가 아님을 고려할 때에는 더욱 그러하다.[37] 7~8세기경에 제작된 투르판 출토 명정의 복희·여와형 일월신은 동시대 중국내륙에서의 일월관념과 표현형의 일반적 흐름과는 상당한 거리가 있는 셈이다.

여기서 고려할 것이 명정이 출토되는 아스타나고분군의 주인공들이 중국계 투르판인이라는 사실이다. 투르판의 중국계 토착인의 문화는 漢代文化에 기반을 두고 있었다. 왜냐하면 640년 투르판의 고창왕국이 당에 의해 멸망당하기 이전까지 이 지역이 중국왕조의 직접지배 아래 사회적, 문화적으로 영향을 받은 것은 한대뿐이기 때문이다.

그렇다면 漢代 중국에서 이주해 온 뒤 漢의 서역경영이 쇠퇴한 이후 투르판에 남아 반독립적 상태로 중국과 서방의 문물교류를 중계하면서 번영을 누렸던 투르판계 중국인들이 중국에서 가지고 온 여러 가지 문화요소 가운데에는 복희·여와신 관념도 있었을 것이다. 이 때의 복희·여와신 관념은 투르판의 다른 문화요소와 함께 당의 직접지배 이전까지 기본적인 틀은 유지하면서 나름의 변형을 가져왔을 가능성이 높다. 즉 창조신적 관념을 바탕에 둔 일월신 개념의 성립이다. 투르판의 복희, 여와 역시 日月 자체의 화신이 아닌 점은 隋唐以前의 중국 내에서의 흐름과 다르지 않다.

고분벽화와 명정에 그려진 동왕공·서왕모형 일월신의 존재는 감숙 酒泉丁家閘5號壁畵墓의 玄室 서벽 천장부 벽화에서 그 전형을 찾아볼 수 있다.[38](그림 32) 4세기 말에서 5세기 중엽 사이에 축조된 것으로 알려진 이 벽화묘의 현실 서벽 천장부에는 서왕모를 중심으로 九尾狐와 三足烏 등이 그려졌고 서왕모의 머리 위에는 커다란 두꺼비가 엎드려 있는 월륜이 자리 잡고 있다. 벽화의 구성방식으로 보아 서왕모는 월신으로서의 성격을 지닌 존재임을 알 수 있다. 현실 동벽 천장부에는 까마귀로 상징되는 일상이 표현되었으며 일상 밑에는 서왕모의 상대자로서의 동왕공이 앉아 있다. 현실 천장 중심부에는 커다란 연꽃이 그려졌다. 이 주천벽화묘의 경우 서왕모와 동왕공은 전형적인 일월신으로 묘실의 천상세계를 주재하고 있다.

그림 32) 甘肅 酒泉丁家閘5號墓 玄室天障西側西王母圖

한~당대 고분에서 나타나는 이와 같이 다양한 유형의 일월상은 어떤 관념과 인식의 소산일까. 死者의 거처인 묘실 안에 설치된 모든 기물과 장식의 어느 하나도 의미를 지니지 않는 것이 없듯이 화상석·화상전이나 묘실 벽, 혹은 棺 外面이나 명정에 그려진 일월상이 나름의 위치와 의미를 지니는 존재임은 명백하다. 문제는 이들 일상과 월상이 구체적으로 어떤 의미를 지닌 존재인가 하는 점이다. 다시 말하면 이들이 어떤 존재로 인식되었기에 死者의 쉼터에 빈번히 그 모습을 드러내고 있는지가 밝혀져야 한다는 것이다. 지금까지 보았던 시대와 지역에 따라 달라지는 일월상의 표현방식이 해와 달에 대한 인식의 변화나 상이성에 기인하는 것인지, 혹은 그것을 만들고 그린 장인과 화가의 개성과 기교의 차이로 인한 것인지가 객관적인 분석과 이해를 통해 검증될 필요가 있는 것이다. 다음 장에서 위와 같은 문제의 해결을 시도하여 보기로 하자.

3. 漢~唐代의 日月認識

앞에서 정리한 日月像의 각 유형이 지니는 구체적인 의미 파악에 앞서 살펴볼 것은 한~당대의 일월인식과 관련된 종교·신앙상의 대체적인 흐름이다. 중국사에서 漢에서 唐에 이르는 시기는 중화사상을 바탕으로 한 특유의 중국고전문화가 이방세계의 다종다양한 문화를 받아들여 나름의 세계성과 보편성을 지닌 중세문화로 이행하여 그것을 꽃피우는 시기이다. 두 시기 사이의 三國 및 魏晋南北朝時代는 고전적이고 중화적인 漢文化에서 중세적이고 국제적인 唐文化로 넘어가는 과도기, 혹은 이행기라 할 수 있다. 중국과 관계를 맺고 있던 주변 제민족의 입장에서 볼 때 한~당시대는 중국식으로 수용되고 재정리된 제반 문화요소를 자발적 혹은 강제적으로 받아들여 고유의 문화적 틀 안에서 소화하고 재창조한 시기이기도 하다. 이것은 한~당대 일월인식과 관련된 종교·신앙상의 제반 흐름 또한 동아시아 각국의 일월인식의 전개와 밀접한 관련을 지니고 있음을 의미하는 것이기도 하다.

이와 같은 면을 염두에 두면서 漢代의 문화를 살펴보면 크게 두 가지의 상이한 흐름이 있음을 알 수 있다. 그 하나가 합리성과 실용성을 바탕으로 한 非神話的 지견의 확대와 과학기술상의 발전이라면, 다른 하나는 현세의 求福과 내세의 안녕을 목적으로 한 神話的 사고의 전개와 신앙행위의 유행이다.[39] 전자가 先秦思想 특히 諸子百家의 재발견작업이나 정리, 혹은 천문학의 발달과 농업기술상의 진전이라는 형태로 나타났다면, 후자는 長生不死 및 再生과 관련한 西王母信仰, 黃老信仰, 神仙術과 陰陽五行說, 風水地理說, 산천초목과 일월성신 및 온갖 神怪的 존재에 대한 제사의 유행이나 伏羲·女媧信仰, 샤머니즘적 형태의 불교신앙의 전개라는 형태로 이루어졌다.[40]

漢代의 제반 문화활동의 산물들이 이러한 漢代文化의 두 갈래 흐름의 흔적을 일정 부분씩 간직하거나 그 영향을 반영하고 있는 것은 당연하다. 한대의 일월인식과 표현이 이와 같은 동시대의 문화적 경향과 깊은 관련을 지니고 있음은 물론이다. 실제로 신화적 사고와 非신화적 지견이 한대의 일월상 표현에 영향을 끼쳤음이 유적과 유물상으로 확인된다. 고분에서 발견되는 성좌형 일월상이 非신화적 사고의 영향이라면, 일신·월신형 일월상은 신화적 인식의 산물이다.

그런데 문제는 이러한 漢代의 두 갈래 인식이 동시대에 만들어지고 그려진 수많은 일월상에 매우 다양한 방식과 비중으로 스며들어 있다는 점이다. 이것은 이 글에서 시도하는 일상, 월상의 표현방식상의 개략적 유형화와 그에 따른 일월인식의 이해가 일정한 한계를 지닐 수밖에 없음을 의미한다. 즉 漢代의 일월상에 대한 유형적 인식이 방법적으로는 어느 정도까지 가능하다고 하더라도 그것이 곧 同時代에 존재한 일월인식의 온갖 유형의 이해라고 할 수는 없다는 것이다. 따라서 이하의 작업은 위에서 지적한 한계를 안고 진행될 수밖에 없음을 미리 밝혀 둔다. 그러면 먼저 성좌형 일월상의 출현이 의미하는 바를 살펴보자. 이 성좌형 일월상은 과연 어떠한 인식의 산물일까?

위에서 이미 지적하였듯이 고분의 화상전이나 화상석 및 묘실벽 등에 표현된 성좌형 일월상이란 기본적으로 해와 달에 대한 비신화적 사고의 산물이다. 즉 해와 달을 하늘에 떠있는 뭇별의 하나로 이해하고 하늘에 있는 다른 별자리와 함께 묘실의 천장부에 그려 넣는 것이다.[41] 그러나 실제 화상석 등에 나타나는 성좌형 일월상을 보면 그것이 오늘날과 같이 순수한 별자리의 하나로만 인식되고 표현되지는 않았음을 알게 한다. 비록 비신화적 사고에 입각한 성좌형 일월상이라 하여도 그것은 반드시 그 시대 나름의 신화적 지견을 담고 있게 마련이며 非신화적으로 사고하는 것 자체가 그 시대가 지닌 고전적 사고의 틀을 벗어나는 것은 아니기 때문이다.[42] 한~당대의 성좌형 일월상도 이러한 점에서 예외가 아니다.

일월을 성좌의 하나로 보고 이것을 형상화한 漢代의 畵像 가운데 가장 이른 시기의 일월인식의 산물로 보이는 것은 陽鳥星宿畵像이다. 이 유형의 화상에서 일상은 日輪을 등에 지고 나는 새의 형태로 표현된다. [(그림 1)참조] 화상의 새는 까마귀와 비슷한 모습으로 나타나며 일륜에는 아무 것도 그려져 있지 않다.

하늘의 해가 陽烏라 불리는 새에 의해 운행된다는 믿음이 漢代 이전부터 인구에 널리 회자되었음은 『산해경』을 비롯한 중국 고대의 여러 문헌에서 확인된다.[43] 10개의 태양에 얽힌 羿의 고사는 이러한 믿음이 설화화 된 것이다.[44] 陽烏星宿畵像은 해를 특정한 신격과 연계시키지 않고 하늘에 있는 성좌의 하나로 이해한 비신화적인 인식의 결과이며 해를 나르는 양조의 존재는 해의 운행을 합리적으로 설명하려는 과정에서 창안된 것으로 생각된다.

그러나 위에서 언급하였듯이 이러한 양조형 일상이 반드시 이 시대의 해에 대한 비신화적이고 합리적인 인식만의 산물은 아니다. 왜냐하면 양조형 일상이 그려지는 日月星宿畵像의 다른 구성요소들이 신화적 형상으로 나타나는 경우가 오히려 일반적이기 때문이다.[45](그림 33) 묘실 벽면의 화상은 여기에서 한 걸음 더 나아가 온갖 신괴적 존재 및 그와 관련된 설화로 가득 채워지고는 한다.(그림 34) 이것은 양조형 일상이라는 것이 해에 대한 관찰과 그에 입각한 합리적 이해에만 기초한 도상이 아니라 천문현상에 대한 漢代人 나름의 非신화적 이해 위에 신화적 상상력이 덧붙여진 결과물임을 의미한다.

그런데 해의 운행에 대한 합리적 이해의 방안으로 출현한 陽烏가 漢代의 일정시기부터는 해를 상징하는 존재로 새롭게 이해되었던 것 같다. 한대의 화상석과 고분벽화류에 보이는 일륜 속의 陽烏의 형상은 이러한 새로운 인식의 출현을 반영하는 구체적인 예이다. 〔(그림 24, 25)참조〕 문헌상으로도 해 안에 금

빛 까마귀가 있다는 인식이 여러 곳에서 확인된다.46)

그림 33-1) 河南 南陽新店鎭英庄墓M4號漢墓 玄室天障畵像模寫圖

그림 33-2) 河南 南陽王莊出土 天帝出行畵像

그림 33-3) 河南 南陽出土 河伯出行畵像

그림 34) 山東 藤縣西戶口村出土 漢墓畵像部分

해에 대한 이러한 인식의 전개와 함께 주목되는 것은 일부에서는 陽鳥, 혹은 金烏라는 가상적인 존재를 등장시켜가면서까지 하늘에서의 해의 운행을 합리적으로 설명하고자 하는 노력이 기울여지고 이것이 화상석 등을 통하여 형상화되지만 다른 일부에서는 이것과 뿌리를 같이하면서도 조금 다른 형태의 관념에 기초한 日像表現이 시도된다는 점이다. 감숙 무위 마저자54호분 출토 銘旌 상단에 그려진 일상은 해에 대한 또 하나의 변형된 인식의 흔적이다. [(그림 26-1)참조] 붉은 일륜 속에서 날아가는 까마귀와 함께 등장하는 달리는 九尾狐는 先秦以來 漢~魏·晋代에 걸쳐 크게 유행하는 음양오행설과 관련된 존재이다.[47)]

漢~魏·晋에 걸쳐 중국사회 전체에 커다란 영향을 끼치는 음양오행설에 따르면 천지만물은 어느 것이나 陰的, 혹은 陽的 存在로 구분이 되며 각 존재는 모두 그 내부에 음과 양의 기운을 지니고 있는데, 이중 어느 한쪽 기운이 더하거나 줄어들어 음양의 조화가 깨어지면 그 존재에 이상이 생긴다고 한다. 때문에 사람이건 짐승이건 현세의 길흉화복과 내세의 안녕은 이 음양의 조화를 얼마나 잘 이루느냐에 달려 있다고 한다.[48)] 이 같은 설에 따라 이 시기의 일상생활과 제사의식에서는 음양조화의 유지를 매우 중요시하였다. 원래부터 음양오행설의 성립 및 전개와 밀접한 관계가 있는 일월인식에 이러한 음양설의 영향이 가해지는 것은 당연하다 하겠다. 무위 마저자54호분 명정의 일상은 같은 명정의 월상과 함께 음양설이 일월인식에 어떠한 영향을 주었는가를 알게 한다. 일상에 등장하는 구미호는 陽을 나타내는 까마귀에 대해 陰을 상징하는 상서동물이다. 본래는 陽을 상징하는 일상 안에서의 음양조화가 시도되고 있는 것이다.

한편 같은 漢代에도 해를 성좌의 하나로 보면서도 하늘을 운행하는 존재로서보다는 天界를 상징하는 중심적인 존재의 하나로 보는 경향이 있었음을 몇 가지 유물을 통해 확인할 수 있다.

湖南 長沙에서 발굴된 前漢 마왕퇴1호묘 및 마왕퇴3호묘 출토 명정에 그려진 일상은 월상과 함께 天帝를 보좌하며 天界를 상징하는 존재이다.(그림 35) 물론 이 경우에도 해와 달에는 특정한 神格이 부여되거나 결합되지는 않고 있다. 역시 前漢代의 고분인 山東 臨沂金雀山9號墓 출토 명정에 묘사된 일월상은 天界만을 상징하는 경우라 하겠다.(그림 36)

그런데 위진남북조시대를 과도기로 하여 隋唐時代에 들어서면 해에 대한 인식은 보다 합리적인 방향으로 나아간다. 秦漢以來의 해에 대한 신비주의적 인식으로부터의 탈피경향이 보다 뚜렷해지는 것이다. 대부분의 수당시대 고분벽화에서 해는 묘실 천장부를 장식하는 日月星宿圖의 일부로 나타날 뿐 묘실수호신인 四神 외에는 특정한 상서동물이나 신격을 동반하지 않는 경향을 보인다.[49]

이 같은 흐름이 이 시대에 이르러서는 특별한 것이 아님은 일월성수가 그려지는 묘실벽화 구성방식에서 잘 드러난다. 수당시대 고분의 묘실 벽에는 남북조 말기까지도 간간이 보이던 중국 전래의 신화, 전설의 형상화가 더 이상 시도되지 않으며 儀仗行列圖를 비롯한 亡者의 생전을 기리는 내용이나 도교의 신선적인 삶을 주제로 한 그림이 그려지는 것이 일반적이다.(그림 37) 수당시대 고분의 묘실 천장부에서 일륜 속의 세발 까마귀가 해를 나타내는 단순한 상징물처럼 선 채로 날갯짓하거나 그냥 서 있는 모습으로 표현되는 예가 많은 것은 수당시대의 해에 대한 非신화적 인식의 일단을 잘 전해준다.(그림 38)

그림 35-1) 湖南 長沙馬王堆1號漢墓出土 帛畫

그림 35-2) 35-1의 부분: 天界

해에 대한 비신화적 인식의 흐름이 이처럼 별다른 갈래나 곡절을 겪지 않은 것에 비해 달에 대한 그것은 비교적 다양한 갈래와 변화를 보여 주어 주목된다. 漢代人의 달에 대한 기본적인 인식은 해에 대한 그것과 크게 다르지 않다. 달을 하늘의 뭇별 가운데 하나이면서 천체의 중심의 하나로서 인간의 현세 삶과 밀접한 관련을 지니는 존재로 보는 점에서는 해를 보는 시각과 그리 다를 것이 없기 때문이다.

그러나 해를 하늘을 운행하는 존재, 항시 움직이는 존재로 인식하고 이와 같은 측면을 중시한 데에 비해 달을 하늘에 붙박혀

있는 존재로 보려는 경향이 있음은 한대인이 해를 보는 시각과 대비되어 주목되지 않을 수 없다. 천문현상의 관찰을 통하여 달도 해와 같이 하늘을 운행하는 존재임을 알았을 것임에도 불구하고 이 같이 정적인 존재로 인식하려는 경향이 있었던 것은 무엇 때문일까?

이것은 아마도 인간의 일상생활에 해와 달이 미치는 영향의 차이에 대한 인식에 기인하는 듯싶다. 사람의 낮 생활을 지배하며 의식주의 생산과 유지에 지대한 영향을 미치는 해와 시간의 추이를 가늠하게 하고 죽음과 재생의 세계를 연상시키는 달에 대한 인간의 인식이 자연 해는 動的인 존재로, 달은 靜的인 존재로 규정짓게 하였던 것이 아닐까? 중국의 고전적 과학이론의 하나라고 할 수 있는 음양설에서 해는 陽性이며 동적인 존재로, 달은 陰性이며 정적인 존재로 파악하고 이에 대한 설명을 하고 있는 것도 위와 같은 인식에 바탕을 둔 것으로 보인다.

그림 36-1) 山東 臨沂金雀山9號漢墓出土 銘旌模寫圖

그림 36-2) 36-1의 부분: 日月像

그림 37) 山西 太原金勝村7號壁畫墓 玄室壁畵模寫圖

그림 38) 陝西 乾縣唐懿德太子墓 玄室東壁壁畫模寫圖

漢代人이 달을 정적인 존재로 보고 있음은 양조형 일월상 화상 중의 월상의 표현방식에서 잘 드러난다. 앞에서 본 하남 남양 출토의 陽烏星宿畵像에서 월상은 단지 월륜 속의 두꺼비로 상징될 뿐 하늘을 운행하는 존재로는 표현되지 않고 있다. [(표 1)

및 (그림 2)참조] 이것은 陽鳥에 의해 운행되는 일상의 모습과는 크게 대조적이다. 달에 대한 이와 같은 인식은 다른 갈래의 성좌형 일상 표현방식에서도 일관성 있게 유지된다.

한~당대의 달에 대한 인식과 관련하여 보다 상세히 검토되어야 할 것은 한~당대의 화상석·화상전과 고분벽화·명정의 월상 속에 등장하는 옥토끼, 계수나무와 같은 존재들이다. 불사약을 먹고 달로 도망친 姮娥의 화신이라는 두꺼비 외에 달을 상징하는 또다른 존재로서 옥토끼와 계수나무가 달 속에 등장하는 것은 어떠한 배경 위에서인가. 계수나무가 不死木의 상징으로 달 속에 등장하였을 것임은 앞에서 논한 바 있다. 문제는 옥토끼이다. 달 속의 옥토끼는 어떤 존재이며 무엇을 하는 존재인가?

이 문제를 풀기 위해서 먼저 살펴보아야 할 것이 漢代에 크게 유행한 서왕모신앙의 내용이다. 이 장의 서두에서 언급한 바 있듯이 漢代 문화를 특징짓는 두 가지 흐름 가운데 하나인 신화적 사고는 그 바탕에 인간의 長生不死 및 再生에 대한 간절한 소망을 깔고 있다. 불사약을 구하기 위해 백방으로 노력을 기울였던 秦始皇과 漢武帝의 고사에서도 짐작할 수 있듯이 秦漢代의 중국에서 장생불사와 재생에 대한 바람은 거의 全사회적인 것에 가까웠다.[50] 때문에 진한대에는 장생불사와 관련된 종교 및 신앙이 특히 유행하였으며 재생과 관련된 비법과 제사의식이 매우 성행하였다.[51] 이 가운데 서왕모신앙은 不死와, 복희·여와신앙은 재생과 깊은 관련을 지닌 까닭에 사회 일반에 널리 유포되었다. 특히 서왕모는 불사약을 지닌 존재로 여겨져 황실과 민간의 구별 없이 주요한 신앙의 대상이 되었다.

본래 서왕모는 殷代의 갑골문에도 나타나는 神으로 『산해경』

에서는 하늘의 재앙과 五刑을 담당하는 신으로 소개된다.[52] 인간의 잘잘못을 가린다는 심판자로서의 성격은 곧바로 인간의 현세적 안녕과 직결된다. 서왕모의 이 같은 성격은 사람들로 하여금 서왕모가 인간의 생사에 간여할 수 있다고 믿게 하는 중요한 고리로 작용한 것 같다. 不死의 약을 관장하는 존재로서의 서왕모에 대한 신앙은 이와 같은 인식과정을 거쳐 형성된 관념으로 추정된다. 서왕모가 한대에 이르러 신앙의 대상으로 널리 믿어지는 것은 바로 그 자신 불사의 신이면서 인간의 불사를 가능케 하는 仙藥을 지닌 존재로 여겨진 때문이다. 周穆王이 서왕모를 만났다든가, 혹은 서왕모가 漢武帝를 찾아와 삼천 년에 한 번 열리는 복숭아를 주었다는 식의 설화가 성립하여 세간에 유포되는 것은 서왕모에 대한 신앙의 전개과정과 밀접한 관련을 지니고 있다.[53]

漢代에 이르러 서왕모에 대한 신앙은 長生術의 유행에 힘입어 점차 심도와 열기를 더해 갔다. 사회적 혼란이 극심했던 兩漢交替期는 이 같은 서왕모신앙의 절정기였다.[54] 한대의 서왕모신앙의 열기가 어느 정도였는지는 문헌기록을 통해서 뿐 아니라 유적, 유물을 통해서도 잘 알 수 있다. 兩漢期를 중심으로 조성된 수많은 화상석 및 화상전묘, 석실벽화분과 일상적 依器로 쓰인 銅鏡 등에는 거의 빠짐없이 서왕모의 도상이 나타난다.[55] 여기서 주목해야 할 것이 도상 속에 나타나는 서왕모라는 신이 지니고 있는 성격과 그를 보좌하는 주위의 여러 존재들이다. 한대의 서왕모·동왕공화상의 출토 사례를 대표적인 것을 중심으로 간단히 정리하면 표 8)과 같다.[56]

표 8) 西王母·東王公畫像의 構成要素

	名稱	出土地	時代	主人公	位置	構成要素	
						神人靈物	日月象徵物
1	松山東王公畵像	山東嘉祥松山村	後漢	東王公		羽人,人首鳥身人	
2	松山西王公畵像	山東嘉祥松山村	後漢	西王母		羽人	약찧는 두꺼비와 옥토끼
3	武梁祠西王母畵像	山東嘉祥(宋代發見)	後漢	西王母		羽人	서있는 두꺼비, 약찧는 옥토끼
4	洪山西王母畵像	山東嘉祥洪山村	後漢	西王母		仙人奉芝草,鷄頭羽人	서있는 두꺼비, 약찧는 옥토끼, 검을찬三足烏와 九尾狐
5	嘉祥西王母畵像	山東嘉祥縣嘉祥村	後漢	西王母		鳥頭人奉芝草, 雙頭人面獸	약찧는 옥토끼, 九尾狐
6	宏道院東王公畵像	山東滕縣城里宏道院	後漢	東王公		兩側人身蛇尾人: 執便面,尾相分離	
7	宏道院西王公畵像	山東滕縣城里宏道院	後漢	西王母		兩側人身蛇尾人: 執便面,尾相交接,尾化龍首	
8	大郭村西王母畵像	山東滕縣大郭村	後漢	西王母		兩側人身蛇尾人: 執便面, 尾相交接	약약약찧는 두꺼비, 약찧는 옥토끼,九尾狐
9	王開村西王母畵像	山東滕縣王開村	後漢	西王母		兩側人身蛇尾人: 執便面, 尾相分離, 羽人	약찧는 두꺼비, 약찧는 옥토끼
10	西戶口西王母畵像	山東滕縣西戶口村	後漢	西王母		兩側人身蛇尾人: 執便面, 尾相交接	약찧는 옥토끼, 九尾狐
11	西戶口西王母畵像	山東滕縣西戶口村	後漢	西王母		兩側人身蛇尾人: 尾相分離, 執便面仙人, 鳥首人, 獸首人	약찧는 두꺼비, 약찧는 옥토끼,九尾狐,靑鳥
12	兩城鎭西王母畵像	山東滕縣兩城鎭	後漢	西王母		兩側人身蛇尾人: 執便面, 尾相交接, 二鳥尾相交接	
13	沂南西王母畵像	山東沂南畵像石墓	後漢	西王母	墓門左柱	三神山, 靑龍, 약찧는 仙人	
14	沂南西王母畵像	山東沂南畵像石墓	後漢	西王母	墓門左柱	三神山, 白虎	약찧는 옥토끼
15	西王母畵像	江蘇徐州沛縣栖山漢墓	後漢	西王母		坐樓中机上, 人首蛇身人, 馬首人, 鳥首人	ㅁㅁ銜食物三足烏, ㅁ銜食物九尾狐
16	西王母畵像	江蘇徐州銅山白集漢墓	後漢	西王母	祠堂西壁	仙人	약약찧는 두꺼비, 서있는 두꺼비, 大鳥
17	東王公畵像	江蘇徐州銅山白集漢墓	後漢	東王母	祠堂東壁	仙人	약찧는 두꺼비, 서있는 두꺼비, 大鳥
18	郫縣西王母畵像	四川郫縣新勝鄕	後漢	西王母		龍虎座上線刻扶桑, 仙人	춤추는 두꺼비, 앉은 옥토끼, 三足烏, 九尾狐
19	西王母畵像	四四川郫縣新勝鄕後漢磚墓2號墓	後漢	西王母	石棺(1)棺頭	龍虎座, 扶桑	
20	西王母畵像	四川郫縣新勝鄕後漢磚墓2號墓	後漢	西王母	石棺(2)棺側	龍虎座, 扶桑	
21	西王母畵像	四川郫縣新勝鄕後漢磚墓3號墓	後漢	西王母	石棺(1)棺尾	龍虎座, 仙人	춤추는 두꺼비, 三足烏, 九尾狐
22	雙河石棺西王母畵像	四川彭山	後漢	西王母		龍虎座, 女人手特藥枝	춤추는 두꺼비, 三足烏, 九尾狐
23	西王母畵像	四川彭山	後漢	西王母		龍虎座, 약찧는 仙人	靑鳥
24	新都西王母畵像	四川新都新龍鄕	後漢	西王母		龍虎座, 仙人	춤추는 두꺼비, 三足烏, 九尾狐
25	新津西王母畵像	四川新津	後漢	西王母		龍虎座, 女人手特藥枝	약찧는 두꺼비, 三足烏, 九尾狐
26	西王母畵像	四川新津木魚山	後漢	西王母		龍虎座, 仙人	춤추는 두꺼비, 약찧는 옥토끼, 三足烏, 九尾狐
27	西王母畵像	四川新津木魚山	後漢	西王母		龍虎座, 女人手特藥枝	약찧는 두꺼비, 약찧는 옥토끼, 三足烏, 九尾狐
28	西王母畵像	四川新津	後漢	西王母		龍虎座, 女人手特藥枝	약찧는 두꺼비, 약찧는 옥토끼, 三足烏, 九尾狐
29	西王母畵像	四川新津	後漢	西王母		龍虎座, 仙人	춤추는 두꺼비, 三足烏, 九尾狐
30	成都西王母畵像	四川成都	後漢	西王母		龍虎座, 仙人, 瑞雲	춤추는 두꺼비, 藥枝바치는 옥토끼, 三足烏, 九尾狐
31	成都西王母畵像	四川成都西門外	後漢	西王母		扶扶桑上龍虎座, 羽人, 持鈴仙人	약춤춤춤추는 두꺼비, 三足烏, 九尾狐
32	成都西王母畵像	四川成都新繁淸白鄕1號墓	後漢	西王母		龍虎座, 仙人	춤추는 두꺼비, 藥枝바치는 옥토끼, 三足烏, 九尾狐
33	墓門橫額畵像	陝西綏德四十鋪鎭	後漢	西王母		執便面仙人, 執便面鳥首人	약찧는 옥토끼, 三足烏, 九尾狐
34	墓門左框畵像	陝西綏德蘇家村漢墓	96(後漢)	西王母		扶桑	약찧는 두꺼비, 狐

서왕모는 본래 성적인 구별이 없는 兩性具有의 神으로 우주의 질서를 관장하는 大地母神과 같은 존재이다.[57] 불사약의 관장자라는 믿음은 不死의 神인 서왕모에 대한 일종의 세속화된 이해의 결과이다. 서왕모가 양성구유의 신이었음은 표 8)에 등장하는 서왕모 화상의 구성방식에서 비교적 잘 드러난다. 표 8)에서 알 수 있듯이 많은 화상석 속에서 서왕모는 陰陽의 神인 복희와 여와를 좌우에 거느린 존재로 표현되며 양과 음을 상징하는 각종 祥瑞動物의 보좌를 받는 모습으로 그려진다.(그림 39) 四川출토 화상전에서 보이는 서왕모의 龍虎座도 兩性具有의 神으로서 서왕모의 성격을 잘 보여준다.(그림 40)

日月과 관련하여 주목되는 것은 서왕모의 주변에 나타나는 상서동물이다. 不死의 仙藥을 찧고 있는 토끼, 長壽를 상징하는 九尾狐, 不死藥을 훔쳐 먹고 달로 도망쳤다는 항아의 화신인 두꺼비, 서왕모의 식사인 玉을 물어온다는 三靑鳥, 기타 각종 祥禽瑞獸가 서왕모의 주위에 등장하는데, 이들 가운데 서왕모화상에 가장 빈번히 나타나는 것이 토끼, 구미호, 두꺼비, 삼청조이다.(그림 41) 이미 보았듯이 이들은 서왕모를 보좌하는 존재인 동시에 해와 달을 상징하는 靈物이다. 즉 한대의 서왕모신앙과 음양설 및 일월인식은 상호 밀접히 연결되어 있는 것이다.

그림 39-1) 山東 藤縣大郭村出土 西王母畵像

그림 39-2) 39-1의 부분

그림 40-1) 四川 郫縣新勝鄕出土 西王母畫像

그림 40-2) 四川 彭山縣雙河鄕出土 石棺西王母畫像

그림 41-1) (그림 8)의 부분

그림 41-2) 陝西 綏德四十鋪鎭出土 西王母畫像

이미 戰國時代末에는 학문적인 측면에서도 나름의 체계화가 이루어질 정도였던 음양설은 漢代에 이르면 일상생활의 상식이 될 정도로 사회 일반에 널리 전파되고 깊이 자리 잡는다.[58] 서왕모신앙도 이 음양설의 영향을 받아 변형되는데, 서왕모의 對가 되는 존재로서의 東王公의 출현이 그것이다.(그림 42) 兩性的 존재이던 서왕모가 陽을 상징하는 동왕공과 陰을 대표하는 서왕모로 나누어진 것이다.[59] 서왕모의 이와 같은 陰陽神으로의 분리는 동시에 두 神의 일신과 월신으로의 전이로 이어진다.

그림 42) 山東 嘉祥宋山村出土 東王公畵像

성좌형 월상에 등장하는 옥토끼는 漢代에 이루어진 이러한 일련의 신화적 인식의 전개를 염두에 두고 이해하여야 하는 존재이다. 즉 한대의 월상에 옥토끼가 표현되는 것은 항아의 화신인 두꺼비가 달 속에 그려지는 것과 똑같은 이유에서이다. 두 동물 모두 서왕모의 불사약과 관계되었기 때문인 것이다. 설화 속에서 두꺼비가 불사약을 먹은 존재인 반면 옥토끼는 불사약을 만드는 영물로 설명되는 점이 다를 뿐이다. 한대의 서왕모화상 중에 두꺼비와 옥토끼가 함께 선약을 찧는 모습이 표현된 경우를 종종 볼 수 있는데, 두 동물의 불사약과의 밀접한 관련성을

시사하는 좋은 예라고 하겠다.(그림 43)

그림 43) 山東 嘉祥宋山村出土 西王母畫像中玉蟾搗藥

한편 한대의 달에 대한 인식에 음양설이 상당한 영향을 끼쳤음은 두꺼비와 옥토끼가 조합되어 나타나는 월상에서 잘 드러난다.(그림 44) 이러한 류의 월상은 앞에서 보았던 九尾狐와 까마귀가 함께 나타나는 일상과 대비되는 것으로 陰的인 존재인 달 속에서의 음양조화가 시도된 경우이다. 이와 같은 월상에서 두꺼비는 陰을 상징하며 옥토끼는 陽을 상징한다. 물론 두꺼비와 옥토끼가 함께 등장한다고 해서 그 월상이 반드시 음양조화라는 관념에서 비롯된 것이라고 말할 수는 없다. 두꺼비와 옥토끼가 함께 그려지는 월상과 달리 그 짝을 이루는 일상에 까마귀만 표현하여 양성에 대비되는 음성적 존재를 그리지 않는 경우도 많이 발견되기 때문이다. 이러한 월상의 경우 위의 음양조화라

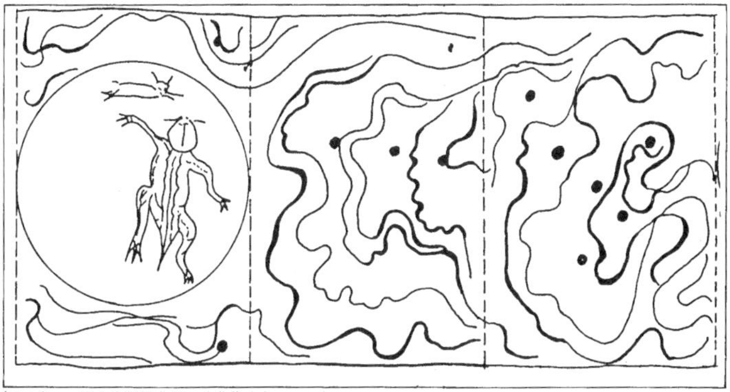

그림 44-1) 河南 洛陽燒溝村61號漢墓 前室天障壁畫中月像

그림 44-2) 陝西 西安交通大學附屬小學前漢墓 主室天障壁畫中月像

는 관념보다는 장생불사에 대한 간절한 바램이 더 깊이 작용했을 가능성이 높다. 옥토끼가 長生의 선약을 찧어 만드는 존재일 뿐 아니라 스스로도 천년을 사는 영물로 알려진 점을 고려하면 이와 같은 추정은 어느 정도 타당성을 지닐 수 있을 듯하다.

삼국과 위진남북조시대를 거쳐 隋唐시대에 이르면 長生에 대한 소망만이 달에 대한 인식의 근간을 이루는 정도이며 漢代 이래의 陰陽論은 달에 대한 인식과 표현에서 이전의 영향력을 유지하지 못하는 것 같다. 앞장에서도 주목하였던 山東 濟南北齊壁畵墓의 월상은 북제시대에도 달이 장생과 깊이 관련된 존재로 인식되었음을 잘 보여준다. [(그림 27) 참조] 반면 두꺼비, 옥토끼, 계수나무가 모두 나타나는 이 월상은 전래의 음양론과는 이제 일정한 거리를 보인다. 동시에 달의 상징으로 장생과 관계된 모든 靈物을 등장시킴으로써 後漢時代까지의 月像認識이 이 시기에 이르면 앞 시대에 비하여 보다 단순하고 일정한 방향으로 나아가고 있음을 알게 된다.

앞에서 보았듯이 성좌형 월상의 몇몇 유형은 일상의 경우에서와는 달리 오히려 靜的인 존재로서의 달이라는 천체에 대한 이해 위에 상당히 짙은 신화적 인식이 더해져 형상화된 것으로 보이기도 한다. 그러나 성좌형 월상의 모든 유형이 신화적 인식과 깊이 연계되었던 것은 아니다. 陝西 米脂後漢畵像石墓의 玄室天障에 단순한 원륜의 형태로 그려진 월상의 예에서도 알 수 있듯이 달을 해와 함께 천체의 중심을 나타내는 별의 하나로만 인식하는 흐름도 있었다.(그림 45)

그림 45) 陝西 米脂後漢畫像石墓4號墓 玄室天障月像

그러나 달에 대한 非신화적 인식, 혹은 달에 대한 인식의 비신화화는 해에 대한 그것에 비할 때 그 흐름이 그리 뚜렷하지 못하다. 이와 같은 흐름은 일신·월신형 일월상의 표현에 깔린 인식을 검토하여 보면 보다 뚜렷이 드러난다.

앞에서 살펴본 성좌형 일월상이 한~당대의 해와 달에 대한 과학적 관찰과 비신화적 인식을 바탕으로 성립한 것이라면 신격형 일월상은 해와 달에 대한 신화적 인식과 정서적 이해의 산물이라 할 수 있다. 주의할 것은 이들 神格의 모습에서 드러나는 일월신의 성격이다. 고대사회의 신이란 일반적으로 특정사물에 대한 신격화, 구체적으로는 인격화의 결과물로서 인격신의 형태를 띠는데 비해 한~당대고분의 일월신은 이와는 다른 과정을 거쳐서 나타나며 다른 신들과 그 성격을 달리한다는 점이다. 즉 해와 달의 화신이라기보다는 해와 달에 대한 기존의 인식을 보다 신비화하고 강화하기 위한 방편으로 새로이 차용, 접합되는 外部神的 요소를 지닌다는 것이다.

복희·여와형 일월신이나 동왕공·서왕모형 일월신이 본래부터 일신, 혹은 월신은 아니었다. 그러나 이것이 한~당대에 해와 달의 인격신화가 전혀 이루어지지 않았다는 의미는 아니다. 四川출토 화상전에서 보았던 羽人型 日月神은 해와 달의 화신이라는 해석이 가능한 존재이다. 그러나 이 우인형 일월신 역시 해와 달에 대한 전적인 人格神化의 산물은 아니며 인격신으로서의 단계에 도달한 존재도 아니다. 그러면 한~당대의 일월신은 과연 어떠한 인식의 산물인가? 일월신과 일월상의 관계는 어떠하며 그 이유는 무엇인지를 검토해 보자.

漢代에 나타나는 가장 초보적인 형태의 일월신은 羽人이다. 앞에서 살펴보았듯이 한대 화상석묘에서 이 우인형 일월신화상전은 묘실 입구 상단이나 안벽 상단 중앙에 위치하는 서왕모화상전의 좌우에 배치된다. 화상석묘 안에서의 이와 같은 배치는 우인형 일월신이 결코 독자적인 권능과 힘을 행사하는 존재로는 인식되지 않았음을 암시한다. 화상석묘에서의 위치로 보아 우인형 일월신은 不死의 약을 관장함으로써 사실상 인간의 생사에

깊이 간여하는 서왕모라는 原神을 보좌하는 補助神的인 존재일 뿐이다. 실제로 우인형 일월신이 인간의 현세적인 소망과 관련하여 어떤 힘을 발휘하였다는 식의 설화는 漢代의 문헌기록 중에서 아직 확인되지 않고 있다.

도상적인 면에서 우인형 일월신은 양조형 일상의 변형이자 계승형으로 볼 수 있다. 우인형 일월신은 양조의 인격화된 존재, 곧 초보적인 형태의 인격신이라고 할 수 있다. 이 우인형 일월신보다 인격화된 일월신이 복희·여와형 일월신이다. 이 복희·여와형 일월신은 과연 어떠한 존재인가?

앞에서 언급하였듯이 중국 고대의 신화·전설 속에서 복희와 여와는 일종의 창조신과 같은 존재이다. 여러 종류의 문헌에서 복희, 여와는 인간과 만물을 만들어낸 신으로 묘사된다.[60] 남매이자 부부의 관계인 복희와 여와는 윗몸은 사람이고 허리 아래는 뱀인 半人半獸의 신으로 이러한 모습은 생명의 창조와 재생이라는 두 신의 성격과 직결된다. 복희, 여와는 남녀의 교합에서 유추된 생명창조와 뱀의 허물벗기에서 비롯된 재생관념이 복합되어 형상화되고 인격화된 존재이다. 암수의 음양교합에 의한 창조와 재생이라는 관념은 한대의 생사관과 내세관의 근간을 이루는 개념이다. 복희, 여와는 이러한 관념과 가장 잘 부합되는 존재이다.

복희, 여와가 본래부터 해와 달의 신이 아니었음은 문헌기록에서 뿐 아니라 일상과 월상을 동반하지 않은 복희·여와화상이 漢代 화상석에서 흔히 찾아지는 데에서도 쉽게 알 수 있다. 한대의 많은 화상석에서 두 신은 각기 손에 規와 矩를 잡고 뱀몸인 서로의 하체를 맞대어 교미하는 모습으로만 표현될 뿐이다.(그림 46) 복희·여와가 화상석이나 벽화에 일월상을 동반한 모습으로 나타나는 것은 현재까지 발견된 유물상으로는 前漢 이후이다. 이것은 복희·여와가 일월신으로 인식, 혹은 차용되어 형상화되는 시기가 전한 이전으로 그리 멀리 올라가지 않음을 시사한다.

여기서 문제되는 것이 일월신으로서의 복희·여와신의 성격이다. 前漢期로 편년되는 대부분의 화상석이나 벽화에서 복희·여와형 일월신은 한 손에는 規나 矩를, 다른 한 손에는 일상이나 월상을 들고 꼬리로는 교미하는 형상으로 표현된다. 이러한 형상은 본래의 복희·여와신의 모습에 일월상이 더해진 것으로 이 도상에서 일월상은 복희·여와의 성격을 결정짓는 부차적인 요소이다. 즉 이런 경우 일월상은 陰과 陽을 대표하는 우주의 중심성좌의 하나로 음양교합의 창조신으로서의 복희·여와신에게 더해지는 존재일 뿐이라는 측면을 강하게 지닌다.

복희, 여와가 일월신으로서의 성격을 보다 뚜렷이 드러내는 것은 두 손으로는 해와 달을 받들고 꼬리는 서로 분리되어 있는 형상으로 표현되는 단계에서이다. [(그림 16)참조] 이와 같은 형상으로 표현되는 단계에서 복희·여와는 前代의 창조신적 성격을 거의 상실하고 전형적인 일월신에 가까워져 있다. 복희·여와계열의 常羲와 羲和는 복희·여와형 일월신이 보다 인격화된 존재이다.[61] 상희와 희화는 창조신으로서의 복희, 여와와는 달리 전형적인 日月神으로 관념화되어 설명되며 복희, 여와와 유

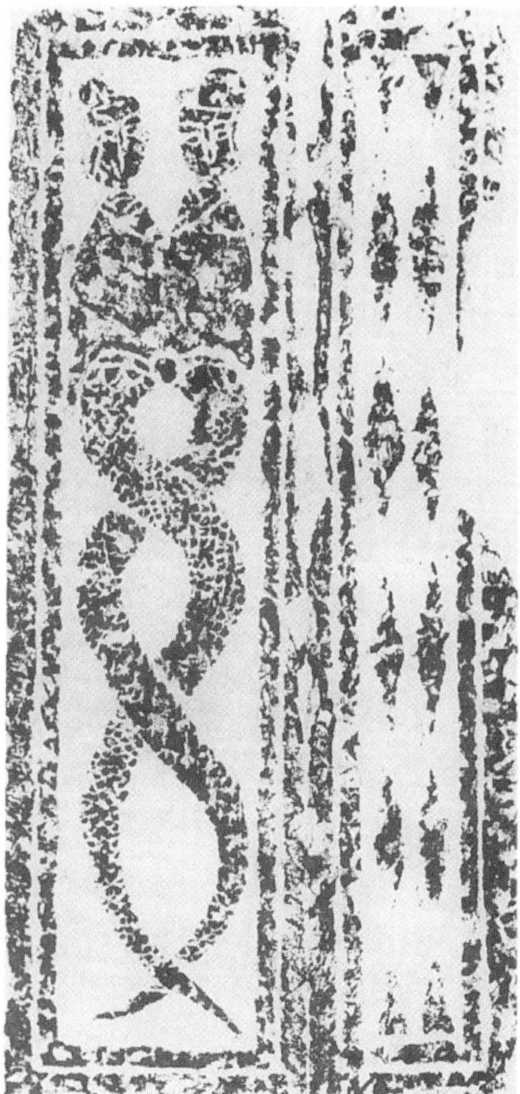

그림 46-1) 江蘇 西州利國漢墓出土 伏羲女媧畵像

그림 46-2) 山東 嘉祥武梁祠出土 伏羲女媧畵像

그림 46-3) 山東 嘉祥武梁祠出土 伏羲女媧畵像

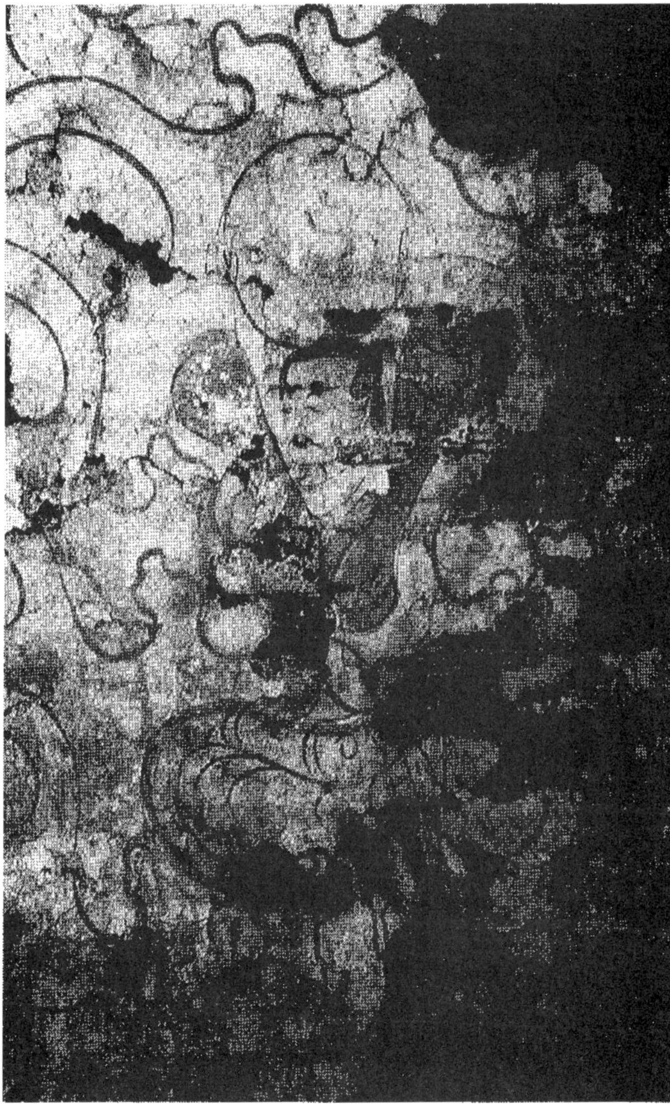

그림 47-1) 河南 洛陽石油站後漢墓 前室天障壁畫 常羲主月圖

그림 47-2) 河南 洛陽石油站後漢墓 前室天障壁畫 羲和捧日圖

사한 형태로 묘사되기도 하나(그림 47) 보다 인간화된 형상으로 표현되는 것이 일반적이다.(그림 48) 江蘇 邳縣白山故子2號墓 출토 畫像石 중의 희화는 완전한 인간의 모습으로 표현되었다.(그림 49)

복희·여와에 대한 창조신에서 일월신으로의 인식 및 표현상의 이와 같은 변화는 後漢 이후에 이루어지는 불교와 도교의 체계화를 비롯한 종교 및 사상상의 일련의 합리적 인식의 진전과 관련이 깊은 듯하다.[62] 왜냐하면 삼국 및 위진시대를 과도기로 하는 이 시대의 사회변동은 문화상으로는 漢代에 극성을 이루는 神怪信仰의 소멸, 혹은 그러한 류의 인식의 극복과정이며 이것은 곧 自然神을 창조신으로 이해하던 고대적 사고가 불교나 도교의 합리적 종교관으로 대체됨을 의미하기 때문이다. 隋唐代에 이르기까지 일부 석관의 石刻線畵를 통하여 인간과 뱀의 결합체로서의 자신의 모습을 남김에도 불구하고(그림 50) 사실상 삼국 및 위진시대를 한계로 하여 복희, 여와는 음양교합의 원리에 바탕을 둔 창조와 재생의 신으로서의 특유의 존재 의의를 상실하는 것으로 보인다.

그림 48) 河南 唐河湖陽出土 日神月神畫像

그림 49) 江蘇 邳縣白山故子2號漢墓出土 羲和主日畫像

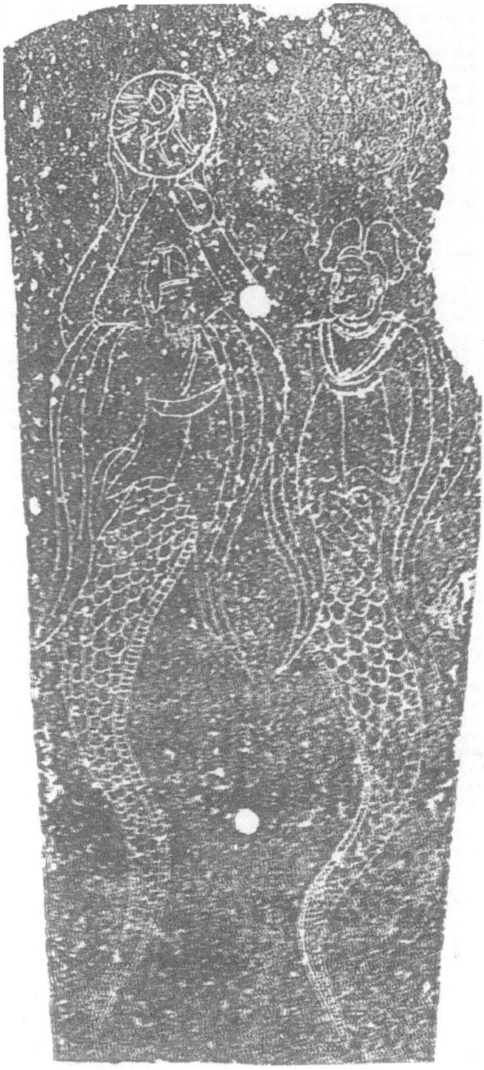

그림 50-1) 陝西 西安碑林所在匹婁歡墓出土 石棺蓋石線刻 伏羲女媧畵像

그림 50-2) 陝西 三原雙盛隋李和墓出土 石棺蓋石線刻 伏羲女媧畫像

복희·여와형 일월신과 여러 가지 면에서 연계되어 있으며 복희·여와형 일월신보다 인격적인 요소를 짙게 지닌 것이 동왕공·서왕모형 일월신이다. 이미 살펴보았듯이 동왕공, 서왕모 또한 본래부터 일월신이 아님은 한대의 화상석 중에서 일상과 월상을 동반하지 않은 동왕공, 서왕모화상을 비교적 쉽게 찾아볼 수 있는 것에서 잘 드러난다. 〔(표 8)참조〕『산해경』과 같이 중국고대의 신화적 지식을 잘 전하는 문헌에서 서왕모는 인간의 수명과 형벌을 주관하는 半人半獸의 신일뿐 달과는 아무런 관계도 없는 존재이다.[63]

동왕공·서왕모형 일월신은 原西王母에서 출발한 동왕공, 서왕모라는 우주의 음양을 대표하는 두 신과 역시 우주적 음양의 상징인 해와 달이라는 성좌와의 결합물이다. 따라서 이 유형의 일월신도 해와 달의 화신은 아니다. 오히려 복희·여와형 일월신에 비해 동왕공·서왕모형 일월신은 일월상과는 별개의 존재인 듯한 감마저 준다. 대부분의 화상에서 동왕공·서왕모형 일월신의 일상, 월상이 마치 신의 부속품처럼 羽人型 일월신의 등에 올려졌거나 복희·여와형 일월신에서와 같이 신의 두 손으로 받쳐진 모습이 아닌 신의 몸 가까이, 혹은 머리 근처에 별개의 독립된 존재로 그려진 것은 동왕공·서왕모형 일월신과 日月像사이의 관계가 그리 밀접하지 않음을 시사한다.

再生, 不死의 神이자 해와 달의 신인 동왕공, 서왕모에 대한 신앙은 위·진시대를 고비로 하여 점차 약화되어 남북조시대에 이르면 민간신앙의 일부로만 남게 된다.[64] 일월신으로서의 복희, 여와에 대한 신앙이 수당시대에 이르기까지 인간의 내세 삶과 관련하여 퇴화된 형태로나마 그 잔영을 남기는 데 비하여 동왕공·서왕모형 일월신에 대한 신앙은 보다 빨리 소멸의 길로 들어선 것이다. 여기에는 여러 가지 이유가 있겠으나 역시 도교의 체계화, 불교의 토착화가 큰 요인으로 작용했던 것 같다.

물론 불교, 도교의 정비가 굳이 동왕공·서왕모형 일월신 신앙에만 영향을 끼쳤다고 보기는 어렵다. 아마도 복희·여와형 일월신에 대한 신앙이 불교, 도교의 유행에도 불구하고 전통관념과 종교적 이질성에 기반을 두었던 까닭에 상대적인 독자성 유지가 가능하였던 것과 달리 동왕공·서왕모형 일월신 신앙은 그렇지 못하였기 때문일 가능성이 높다.

後漢末까지 동왕공, 서왕모가 일월신으로보다는 長生不死의 주관자로 중시되었던 것도 이와 관련이 깊은 듯하다. 복희, 여와가 後漢時期에 이르러서는 전형적인 일월신인 常羲, 羲和로 전화하거나 그 자신 일월신으로 자리 잡는 것에 비하여 동왕공, 서왕모는 장생불사신앙의 쇠퇴와 함께 불교 및 도교의 諸神體系에 흡수되어 신앙대상으로서의 독자성을 상실한 것이 오히려 서왕모신앙의 소멸을 방지하는 데에 일정한 역할을 하였을 수도 있다.[65] 남북조 및 수당시대 이후 계속된 도교의 발전과 확산은 서왕모신앙의 변이와 유지를 함께 가져왔다. 傳言에 의하면 근래까지도 중국의 일부지방에서는 서왕모에 대한 제사가 계속되었다고 한다.[66] 물론 근래에 이르기까지 서왕모의 월신으로서의 성격이 유지되었는지는 알 수 없다.

이상에서 보았듯이 漢代이래 해와 달에 대한 인식과 표현은 크게 두 갈래 흐름을 보였으며 양자는 일정한 정도로 혼재되고 융합된 상태로 전개되었다. 두 갈래 흐름의 혼재되고 융합된 정도는 시대에 따라 그 양태를 달리하였다. 특히 한대에는 해와 달의 표현에서 신화적 관념의 영향이 큰 비중을 차지하였으며, 상대적으로 非신화적 인식의 영향은 그리 크지 않았다. 이것은 한대의 화상석묘의 묘실 구성방식에서 잘 드러난다. 하남, 사천 등지의 화상석묘에서는 성좌형 일월상과 신격형 일월상이 함께 묘실 곳곳에 묘사되는 경우가 많다.[67] 이런 경우 主가 되는 것은 아무래도 망자의 내세 삶과 관련한 일월신의 再生力일 것이다.

물론 한대의 이 같은 흐름은 시대의 진전에 따라 보다 합리적이고 비신화적인 사고에 의해서 새로운 흐름으로 대체된다. 唐代의 고분벽화에서 일월신이 그려지는 대신 단순한 성좌로서의 해와 달만이 표현되는 것은 일월에 대한 신화적 관념을 바탕으로 전개되던 이전의 일월신 신앙이 이 시대에 이르러서는 내세 인식에서도 더 이상 기능하지 못함을 시사하기 때문이다.

한~당대고분의 묘실 벽이나 부장기물 중에는 다양한 유형의 일월상이 장식되어 있다. 고분에서 발견되는 이들 일월상은 시대와 지역에 따라 유형상의 출입과 변형을 보여준다. 한~당대의 일월상은 크게 星座型과 神格型으로 나눌 수 있으며 성좌형은 다시 陽鳥型과 순수성좌형으로, 신격형은 羽人型, 복희·여와형, 동왕공·서왕모형 및 기타 유형으로 구분된다. 성좌형 일월상 가운데 양조형畵像은 하남 남양일대의 漢代 화상석묘에서만 발견되는 반면 순수성좌형은 한~당대 중국 각지의 고분 장식 가운데에서 고르게 나타난다.

순수성좌형 일월상의 구성요소 가운데 가장 빈번히 나타나는 것은 까마귀와 두꺼비이며 이외에 일상의 또 다른 구성요소로 九尾狐가, 월상의 구성요소로 옥토끼, 계수나무 등이 보인다. 이들은 모두 先秦 이래의 음양신앙 및 서왕모신앙과 밀접히 관련되었다. 순수성좌형 일월상은 해와 달을 천체의 일부로 보는 과학적 인식을 바탕으로 그 위에 해와 달에 대한 신화적 관념이 일정하게 가미되어 성립된 것이다. 위신남북조시대를 과도기로 하여 수당시대에 이르면 해와 달에 대한 신화적 관념은 크게 불식되어 일월은 천상도를 구성하는 별자리의 하나로만 표현되는 단계에 이른다.

신격형 일월상은 해와 달을 신비한 힘을 지닌 신격으로 보던 고대적 사유의 연장 위에서 성립한 도상이다. 그러나 先秦時代 특히 殷周時代에서와 같이 해와 달 자체를 인격신화 하지는 않는다. 漢代의 일월신은 기본적으로 이미 창조신, 혹은 不死의 재생신으로 믿어지던 존재와 일월을 접합시킨 형태로 표현한다. 복희, 여와나 동왕공, 서왕모는 본래부터 일월신은 아니었으나 음양설 및 장생불사신앙을 매개로 하여 일월신화 되고 있다. 이들 일월신에 수반되는 일월상의 구성요소는 기본적으로 성좌형 일월상의 경우와 같다. 한대의 묘실에 빈번히 나타나는 일월신은 도교, 불교와 같은 체계화된 종교의 출현과 천체와 자연에 대한 합리적 인식의 증대로 인하여 수당시대에는 묘실에서 그 잔

영만을 남긴다.

한편 수당시대 중국의 서쪽변경이던 투르판에서는 복희·여와형 일월신이 명정에 그려져 무덤 속에 부장된다. 이것은 투르판의 중국계 주민이 한대에 이곳으로 이주하면서 지니고 온 복희·여와신앙이 투르판이라는 중국 내륙과 격절된 지역에서 유지, 변형된 결과이다. 한~당대 일월의 표현방식과 그 바탕에 깔린 인식에 대한 이상과 같은 이해는 그것의 바르고 그름을 떠나서 논증과정상의 몇 가지 문제와 한계를 안고 있다.

첫째, 분석 자료의 시대별 형평성 문제이다. 연구의 대상과 시기가 한~당대 고분의 일월상임에도 불구하고 자료수집과 분석작업이 漢代에 집중되었으며 상대적으로 수당시대에 대해서는 빈약하고 소홀하다. 이것은 시대별 대상 자료의 분포가 일정치 않은 때문이기도 하지만 필자의 자료수집의 미비에 기인하는 바도 크다. 따라서 차후에라도 위진남북조 및 수당시대의 해당 자료에 대한 수집과 분석이 이루어져야 할 것이다.

둘째, 지나치게 일월상의 제 유형에만 관심을 기울임으로 말미암아 일월과 함께 등장하는 다른 도상에 대한 검토가 소홀했다는 점이다. 논증의 효율성을 위해서는 일월상에 대한 집중적 분석도 필요하겠지만 일월상이 고분 내부의 각종 장식이나 부장기물의 일부일 뿐이며 동시대인의 사후세계에 대한 인식의 일단만을 드러낼 뿐임을 고려한다면 일월상과 다른 도상 및 기물과의 유기적 관계에 대한 포괄적 접근이 반드시 뒤따를 필요가 있다.

셋째, 일월인식과 관련한 해당시기의 종교, 신앙, 思想상의 제

문제가 함께 논의되지 못했다는 점이다. 고대인의 우주관, 세계관, 내세관의 핵심인 일월에 대한 인식을 논하면서 이의 종합적 표현인 종교, 신앙, 사상상의 제 문제를 간과하였다는 것은 나무만 보고 숲은 보지 않은 것과 다를 바 없다. 이에 대한 보완과 수정이 있어야 할 것이다.

미주

1) 南北朝 및 隋唐時代에 걸쳐 유행한 묘실 石刻線畵도 기법상으로는 화상석 그림의 일종이지만 주제와 내용에서는 여러 가지 차이가 있다. 따라서 모든 석각선화를 화상석 그림의 하나로 보기는 어렵다. 이 글에서는 다루고 있는 주제와 관련된 한도 내에서 남북조 및 수당시대의 묘실 석각선화도 화상석 그림의 일종으로 분류하여 사례별 분석대상에 포함시키고자 하였다.
2) 국내에서는 중국의 화상석 및 화상전에 대한 구체적이고 본격적인 접근이 시도되지 못하고 있다. 국내의 화상석 연구는 山東 嘉祥 武氏祠화상석의 내용과 단군신화의 비교 분석을 시도한 金載元,『檀君神話의 新硏究』正音社, 1946 (1976 再版 探求堂)과 이것을 비판적으로 수용한 金元龍,「武梁祠畵像石과 檀君神話에 대한 再考」『考古美術』146, 147 合輯, 1980 pp.10～15를 사실상의 출발점으로 삼고 있으나 아직은 미개척 상태라고 할 수 있다. 중국 및 일본에서의 연구 성과는 이 글에서 인용되는 각종 문헌을 참조.
3) 표 1)의 작성에 참조한 보고서, 논문, 도록은 아래와 같다.
南京博物院,「徐州青山泉白集後漢畫像石墓」『考古』1981年2期; 南陽博物館,「河南南陽英庄漢畫像石墓」『中原文物』1983年3期; 南陽地區文物工作隊·南陽縣文化館,「河南南洋英庄縣漢畫像石墓」『文物』1984年3期; 魏仁華,「南陽漢畫像石中的幻日圖象試析」『中原文物』1985年3期; 徐州市博物館編,『徐州漢畫像石』江蘇美術出版社, 1985; 南陽地區文物工作隊·南陽縣文化館,「河南南陽縣十里鋪漢畫像石墓」『文物』1986年4期; 周到,「南陽漢畫像石中的幾幅天象圖」『考古』1975年1期; 中國美術全集編輯委員會編,『中國美術全集』繪畫編18, 畫像石·畫像磚, 文物出版社, 1989.
4) "大荒之中, …湯谷上有扶木 一日方至 一日方出 皆載于烏"『山海經』「大荒東經」
5) 周到,「南陽漢畫像石中的幾幅天象圖」『考古』1975年1期, pp.58～61.
6) 표2)의 작성에 참조한 보고서, 논문 및 도록은 아래와 같다.

江蘇省 文物管理委員會·南京博物院,「江蘇徐州, 銅山五座漢墓清理簡報」『考古』1964年10期; 陝西省博物館·陝西省文管會寫作小組,「米脂後漢畫像石墓發掘簡報」『文物』1972年3期; 河南省博物館, 「南陽漢畫像石概述」『考古』1973年6期; 周到·李京華,「唐河針織廠漢畫像石墓的發掘」『文物』1973年6期; 南陽博物館,「河南南陽英庄漢畫像石墓」『中原文物』1983年3期; 南陽地區文物工作隊·南陽縣文化館, 「河南南洋英庄縣漢畫像石墓」『文物』1984年3期; 張堯軍,「試談南陽漢畫像石中牛的藝術形象」『中原文物』1985年3期; 南陽地區文物工作隊·南陽縣文化館,「河南南陽縣十里鋪漢畫像石墓」『文物』1986年4期; 徐州市博物館編,『徐州漢畫像石』江蘇美術出版社, 1985; 戴應新·魏逐志,「陝西綏德黃家塔後漢畫像石墓群發掘簡報」『考古與文物』1988年5,6期; 中國美術全集編輯委員會編, 『中國美術全集』繪畫編18 畫像石·畫像磚, 文物出版社, 1989.

7) 『山海經』과 같은 시대의 문헌 중에 다음과 같은 기록을 볼 수 있다. "日中有踆烏"『淮南子』「精神訓」; "日中有三足烏"『論衡』「說日」; "蓬萊之東, 岱與之山, 上有扶桑之樹, 樹高萬丈, 樹常有天鷄, 爲巢于上, 每夜至子時, 則天鷄鳴, 而日中 陽烏應之, 陽烏鳴, 則天下之鷄皆鳴"『古玉圖譜』券二十四引「玄中記」

8) 달 속에 어떤 靈物이 있는지에 대해서는 여러 갈래의 설화가 전하였던 것 같다. 漢~唐代의 여러 문헌 속에 달 속의 두꺼비, 옥토끼, 계수나무에 대한 서로 다른 기록이 전한다. "夜光何德, 死卽又育, 厥利維何, 而菟在腹"『楚辭』「天問」; "月中有蟾蜍"『淮男子』「精神訓」; "月中有菟, 蟾蜍"『論衡』「設日」; "月中有桂, 蟾蜍"『酉陽雜俎』「天咫」

9) 漢代 문헌에서 달 속의 옥토끼는 대개 仙藥을 찧는 모습으로 표현되며 달리는 자세 혹은 쭈그려 앉은 모습에 대한 설명은 보이지 않는다.
"月中何有, 白兎搗藥"『太平御覽』券四所引 傳元「擬天問」; "採取神藥山之端, 白兎搗成蝦蟆丸"『太平御覽』券九白七所引「藥府詩歌」

10) 嫦娥奔月說話는 한~당대에 널리 알려진 이야기로 한~당대의 여러 문헌 중에 수록되어 있다. "羿請不死之藥於西王母, 姮娥竊以奔月, 悵然有喪, 無以束之"『淮男子』「覽明訓」; "嫦娥羿妻也, 竊西王母不死之藥, 服之奔月, 逐托訖身於月, 是爲蟾蜍"『初學記』券一所引 張衡「靈憲」

11) 표 3)의 작성에는 아래의 문헌을 참조하였다.
四川省文物管理委員會,「四川新繁淸白鄕後漢畫像磚墓淸理簡報」『文物參考資料』1956年6期; 馮漢驥,「四川的畫像磚墓及畫像磚」『文物』1961年11期; 黃承宗,「西昌後漢, 魏晋時期磚室墓葬調查」『考古與文物』1983年1期; 高文編,『四川漢代畫像磚』, 上海人民美術出版社, 1987; 中國美術全集編輯委員會,『中國美術全集』 繪畫編18 畫像石·畫像磚, 文物出版社,

1989; 內江市文管所·簡陽縣文化館, 「四川簡陽縣鬼頭山後漢崖墓」『文物』1991年3期.

12) 月桂의 등장은 두꺼비나 옥토끼에 비해 상대적으로 늦다. 또 달 속의 계수나무와 관련한 설화도 前漢 이전의 문헌에는 보이지 않는다. 달 속의 계수나무가 仙人의 발이 형상화된 것이라는 이야기가 문헌 중에 전하는 정도이다. "俗傳月中仙人桂樹, 今時其初生, 見仙人之足, 漸已成形, 桂樹後生" 『初學記』 券一所人, 虞喜「安天論」

13) 달 속의 계수나무와 그 열매에 대한 신화화작업의 흔적이 다음의 여러 구절에 전한다. "桂子月中落, 天香雲外飄" 『靈隱寺』; "(武則天) 垂拱四年三月, 月桂子降於台州臨海縣界, 十餘日乃至" 『封氏見聞錄』 券七「月桂子」; "靈隱有月桂峯, 月中桂子嘗墮比峯, 生成大樹, 其色丹" 『臨安志』; "月桂高五百丈, 下有一人常斫之, 樹創隨合" 『酉陽雜俎』「天咫」

14) 註 10) 參照.

15) 인도에서의 달 속의 토끼에 대한 설화는 후에 불교설화의 하나로 정리되어 민간교화의 수단으로 쓰였다. 有兎行菩薩行, 天帝試之, 索肉欲食, 捨身火中, 天帝愍之, 取其焦兎, 置於月內, 令未來一切衆生擧目瞻之, 知是過去菩薩行慈之身" 『法苑珠林』 券七「日月編」所引「喩伽論」注引「西國傳」

16) 何新은 음운상의 유사성을 들어 달 속의 토끼가 본래는 호랑이었다는 견해를 제시하고 있지만 유물상으로는 아직까지 달 속에 호랑이가 그려진 예가 보이지 않아 받아들이기 어렵다.(何新, 『諸神的起源』 1987 (홍희譯, 『諸神의 起源』 서울, 東文選, 1990. pp.257～263))

17) 표 4)의 작성에 참조한 보고서, 논문류는 아래와 같다. 陝西省文物管理委員會, 「陝西省三原縣雙盛村隋李和墓淸理簡報」『文物』1966年1期; 陝西省博物館·陝西省文管會寫作小組, 「米脂後漢畫像石墓發掘簡報」『文物』1972年3期; 四川省博物館 李復華·碑縣文化館 郭子遊, 「碑縣出土後漢畫像石棺圖象略說」『文物』1975年8期; 中慶市博物館·合川縣文化館田野考古工作小組, 「合川後漢畫像石墓」『考古』1977年2期. 四川省博物館·碑縣文化館, 「四川碑縣後漢磚墓的石棺畫像石墓」『考古』1979年6期; 江蘇省文物管理委員會·南京博物院, 「江蘇徐州十里鋪漢畫像石墓」『考古』1981年2期; 宣賓縣文化館 蘭峰, 「四川宣賓縣墓畫像石棺」『文物』1982年7期; 棗庄市文物管理站, 「山東棗庄畫像石調査記」『考古與文物』1983年3期; 南陽地區文物工作隊·南陽縣文化館, 「河南南洋英庄縣漢畫像石墓」『文物』1984年3期; 徐州市博物館, 『徐州漢畫像石』 江蘇美術出版社, 1985; 四川大學教考古專業七八給實習隊·長寧縣文化館, 「四川長寧七個洞後漢紀年畫像崖墓」『考古與文物』1985年5期; 南陽市博物館, 「南陽市王庄漢畫像石墓」『中原文物』1985年3期; 南京博物院·郭縣文化館, 「江蘇邳縣白山故子兩座後漢畫

像石墓」『文物』1986年5期; 高文編,『四川漢代畫像磚』, 上海人民美術出版社, 1987; 中國美術全集編輯委員會編,『中國美術全集』繪畫編18, 畫像石·畫像磚, 文物出版社, 1989.

18) 복희와 여와에 대해서는 夷夏東西論에 입각하여 복희는 본래 東夷族의 영웅이고, 여와는 夏族의 神이었으나 漢族이 형성되는 과정에서 두 신이 부부의 관계로 전화한다는 견해(孫作雲,「落陽西漢卜千秋墓壁畵考釋」『文物』1977年6期, p.18)와 여와와 복희가 苗族의 신이었다는 견해(袁珂,『中國神話典設辭典』上海辭典出版社, 1985, p.46), 복희를 漢族 고유의 태양신의 化身으로, 여와를 地母神의 화신으로 보는 견해(何新,『諸神的起源』, 1987 (홍희譯,『諸神의 起源』서울, 東門選, 1990, pp. 47~96))등 그 기원과 전개에 대해 다양한 해석이 시도되고 있으나 아직 정설은 없다. 현재 전해지는 한~당대 문헌 중에서 여와는 창조신, 혹은 재생신으로, 복희는 문명신으로 설명되는 예가 많다.
"女媧地出"『抱朴子, 釋滯』; "天地開闢, 夫有人民, 女媧槫黃土作人, 劇務, 力不暇供乃引繩絙泥中, 與以爲人"『太平於覽』券七, 八引「風俗通」; "往古之時, 四極廢, 九州裂, 天下兼覆, 地不周載, 於是女媧錬五色石, 以補蒼天, 斷鼇足以立四極"『淮南子』「覽明訓」; "春皇子, 包犧之別號…庖者包也, 言包含萬象"『拾遺記』券一; "古者, 包犧氏之王天下也, 仰則觀象於天, 附則觀法於地, 觀鳥獸之文與之宣, 近取諸身, 遠取諸物, 於是始作八卦, 以通神明之德, 以類萬物之情"『易』「系辭下傳」

19) 창조 및 재생신화의 주인공이 人面蛇身의 모습으로 나타나는 것은 세계적 보편성을 지니고 있다. 복희, 여와도 人面蛇身의 창조신 중 하나이다. 설화 속에서 두 신은 남매이자 부부로 묘사된다.
"女媧人頭蛇身"『楚辭』「天問」王逸注; "伏羲氏, 蛇身人首"『藝文類聚』券十一引「帝王世紀」; "女媧, 伏羲之妹"『路史』「後記二」注引「風俗通」; "昔子宙初開之時, 有女媧兄妹二人, 在崑崙山, 而天下夫有人民, 議以爲夫妻, 又自羞恥, 兄郎與其妹上崑崙山, 哭曰 : '天若遺我二人爲夫妻, 而烟悉合 ; 若不, 使烟散' 於烟郎合, 其妹郎來就兄, 乃結草爲扇, 以障其面, 今時取婦執扇, 象其事也"「獨異志」下

20)『楚辭』「天問」편에는 다음과 같은 네 구절이 있는데, 전통적으로 이 구절 전체를 여와에 관한 것으로 보는 견해와 앞의 두 구절은 복희, 뒤의 두 구절은 여와에 대한 노래로 보는 견해가 대치되었으나 오늘날에는 전자의 견해가 주류를 이루고 있다. (郭沫若,「桃都, 女媧, 伽陵」『文物』1973年1期; 曾布川寬,「崑崙山と昇仙圖」『東方學報』51, 1979) "登立位帝, 孰道尙之, 女媧有體, 制匠之"『楚辭』「天問」

21) 복희, 여와의 規矩는 方圓(天圓地方=乾坤天地)를 그리는 도구이다. 따라서

이 도구는 복희, 여와가 천지를 주재하는 神임을 나타내는 상징물이다. 또한 日月은 陰陽(天陽地陰)의 중심을 상징한다. 規矩와 日月이라는 서로 상이한 듯한 상징성의 결합은 再生을 열망하던 秦漢代人에게는 오히려 자연스러운 일이었을 것이다.

22) 현재로서는 기원전 86~49사이에 제작된 洛陽前漢卜千秋壁畵墓 벽화 중의 복희·여와상이 비교적 이른 시기의 복희·여와형 일월신의 예에 해당한다. (洛陽博物館, 「洛陽西漢卜千秋壁畵墓發掘簡報」『文物』1977年6期, pp. 1～12) 이로 보아 복희·여와형 日月神觀念과 표현은 이미 前漢初에는 성립되었을 가능성이 높다.

23) 일찍이 松本榮一은 月桂의 등장을 불교의 영향 때문으로 보았다.(松本榮一, 「東洋古美術に現れた日月星辰」『國華』436, 437, 440, 1926~1927) 중국의 월상을 구성하는 요소로 월계가 두꺼비나 옥토끼에 비해 늦게 나타나는 것은 사실이나 전한 복천추묘 벽화에서 보았듯이 늦어도 전한 중기에는 월상 중에 그려지는 것으로 보아 중국 고대의 不死木관념과 관련한 여러 가지 가능성을 함께 고려할 필요가 있을 것 같다.

24) 표 5)의 작성에 참조한 논문 및 보고서, 도록은 아래와 같다.
王德慶, 「江蘇銅山後漢墓淸理簡報」『考古通言』1957年4期; 河南省博物館, 「南陽漢畫像石概述」『考古』1973年6期; 土居淑子, 「古代中國における仙界圖像」『美術史硏究』8, 早稻田大, 1971; 中國美術全集編輯委員會編, 『中國美術全集』 繪畫編18, 畫像石·畫像磚, 文物出版社, 1989.

25) 小南一郎, 「西王母と七夕傳承」『東方學報』46, 1974, pp.56～62.

26) 이 治水畵像은 鯀, 禹의 治水와 관련한 다음과 같은 고대신화를 그대로 형상화하고 있다. 『拾遺記』의 기사는 치수설화와 日神信仰과의 밀접한 관계를 시사한다. “皇帝生駱明, 駱明生白馬, 白馬是爲鯀”『山海經』「海內經」; “洪水滔天, 鯀竊帝之息壤以堙洪水, 不待帝命, 帝令祝融殺鯀於羽郊, 鯀腹生禹, 帝乃命禹卒布土以定 九州”『山海經』「海內經」; “禹鑿龍關之山, 亦謂之龍門, 至一空巖, 深數十里, 幽暗不可復行, 禹乃負火而進, 有獸狀如豕, 銜夜明之珠, 其光如燭, 又有靑犬行吠於前, 禹計可十里, 迷於晝夜, 旣覺漸明, 見向來豕, 犬變爲人形, 皆著玄衣, 又見一神蛇身人面, 禹因與語, 神卽示禹八卦之圖, 列於金版之上, 又有八神侍側, 禹曰 : 華胥生聖子, 是汝也? 答曰 : 華胥是九河神女, 以生余也, 乃探玉簡授禹, 長一尺二寸, 以合十二時之數, 使量度天地, 禹卽執持比簡, 以平定水土, 蛇身之神, 卽羲皇也.”『拾遺記』

27) 神農은 蛇身人面, 牛首虎鼻의 형상을 한 神으로 전해지나 이 畵像에서는 地皇, 炎帝로서의 성격이 중시된 듯 완전한 사람의 모습으로 묘사되고 있다. 화상과 관련된 문헌기사로는 아래와 같은 것을 들 수 있다.

"嘗百草之滋味, 水泉之甘苦, 令民知避就, 當比之時, 一日而遇七十毒"『淮南子』「木經訓」; "神農之揉木爲耒, 教民耕耨, 民始食穀, 穀始播種, 耕田以爲土, 鑿地以爲井"『論衡』「感虛」; "有丹雀銜九穗禾, 其墜地者, 帝乃拾之, 以植於田"『拾遺記』

28) 이 글의 분석자료 가운데 長沙 마왕퇴1호한묘와 마왕퇴3호한묘 출토의 帛畵 및 투르판 아스타나고분군출토 絹畵에 대해서는 기존학계에서 銘旌說, 振容說, 復禮使用說 등으로 의견의 일치를 보지 못하고 있다.(安志敏, 「長沙新發見的西漢帛畵試探」『考古』1973年1期, pp.43~49; 馬雍, [論長沙馬王堆一號漢墓出土帛畵的名稱和作用」『考古』1973年2期, pp.119~124; 林巳奈夫, 「論長沙馬王堆一號漢墓出土帛畵」『MUSEUM』267, 1973, pp.11~13; 曾布川寬, 「崑崙山と乘仙圖」『東方學報』51, 1979, pp.147~149. 필자는 백화 및 견화의 葬儀上의 세부적인 용도의 문제를 떠나 이들 유물이 넓은 범주에서는 모두 명정의 하나라고 보고자 한다.

29) 표 6)의 작성에 참조한 보고서 및 논문류는 아래와 같다.
夏鼎, 「洛陽西漢壁畵墓中的星象圖」『考古』1962年2期; 河南省文化局文物工作隊, 「洛陽西漢壁畵墓發掘報告」『考古學報』1964年2期; 陝西省博物館·乾縣文教局唐墓發掘組, 「唐懿德太子墓發掘簡報」『文物』1972年7期; 安志敏, 「長沙新發見的西漢帛畵試探」『考古』1973年1期; 孫作云, 「長沙馬王堆一號漢墓出土畵幡考釋」『文物』1973年1期; 黎搖渤, 「遼寧北票縣西官營子北燕馮素弗墓」『文物』1973年3期; 王仁波, 「唐懿德太子壁畵題材的分析」『考古』1973年6期; 新疆維五爾自治區博物館, 「吐魯番阿斯塔那-哈拉和卓古墓群發掘簡報(1963~1965)」『文物』1973年10期; 湖南省博物館·中國科學院考古研究所編·關野雄外譯, 『長沙馬王堆1號漢墓』(上), (下), 平凡社, 1973, 1976; 金維諾, 「談長沙馬王堆3號漢墓帛畵」『文物』1974年11期; 寶鷄市博物館·千陽縣文化館, 「陝西省千陽縣漢墓發掘簡報」『考古』1975年3期; 臨沂金省山漢墓發掘組, 「山東臨沂金省山九號漢墓發掘簡報」『文物』1977年11期; 臨沂地區文化局文物組 劉家驥·故宮博物院收復廳 劉炳森, 「金省山西漢畵臨墓后感」『文物』1977年11期; 張明川, 「河西出土的漢晋繪畵簡述」『文物』1978年6期; 遼寧省博物館文物隊·朝陽地區博物館文物隊·朝陽縣文化館, 「朝陽袁臺子東晋壁畵墓」『文物』1984年6期; 遼遼寧省博物館 馮永謙, 韓寶興, 劉忠誠·遼陽博物館 煞寶庫, 柳川, 肖世皇, 「遼陽舊城東門里後漢壁畵墓發掘報告」『文物』1985年6期; 濟南市博物館, 「濟南市馬家庄北齊墓」『文物』1985年10期; 山西省考古研究所, 「太原市南郊當代壁畵墓淸里簡報」『文物』1988年12期; 中國美術全集編輯委員會編, 『中國美術全集』繪畫編12, 墓室壁畵, 文物出版社, 1989.

30) 발굴보고자는 日像이 묘실 천장 서측에, 월상이 묘실 천장 동측에 그려져

있는 것을 피장자 및 그 일족의 歸西意識과 연결시켜 이해하고 있다.(濟南市博物館, 「濟南市馬家庄北齊墓」『文物』1985年10期, pp.45～48)

31) 표 7)의 작성에 참조한 보고서 및 논문은 아래와 같다.
山西省文物管理委員會, 「山西平陸棗園村壁畵漢墓」『考古』1959年9期; 吳震, 「吐魯番阿斯塔那唐墓中有重要發現」『考古』1959年12期, 考古動態, pp.689; 新疆維五爾自治區博物館, 「新疆吐魯番阿斯塔那北區墓葬發掘簡報」『文物』1960年6期; 王樹, 「覆面, 眼卓及其他」『文物』1962年7·8期; 馮華, 「記新疆發現的絹畵伏羲女媧像」『文物』1962年7·8期; 新疆維五爾自治區博物館, 「吐魯番阿斯塔那-哈拉和卓古墓群淸理簡報(1966~1969)」『文物』1972年1期; 新疆維五爾自治區博物館, 「吐魯番阿斯塔那-哈拉和卓古墓群發掘簡報(1963～1965)」『文物』1973年10期; 上野アキ, 「アスタナ出土伏羲女媧圖について」(上)(下)『美術硏究』292, 293, 1974; 洛陽博物館, 「洛陽西漢卜千秋壁畵墓發掘簡報」『文物』1977年6期; 甘肅省博物館, 「西泉嘉峪關晋墓的發掘」『文物』1979年6期; 中國美術全集編輯委員會編, 『中國美術全集』繪畵編12, 墓室壁畵, 文物出版社, 1989.

32) 陳少農·宮大中, 「洛陽西漢卜千秋墓壁畵藝術」『文物』1977年6期; 孫作雲, 「落陽西漢卜千秋墓壁畵考釋」『文物』1977年6期, pp.16～22.

33) 복희, 여와가 화상석이나 묘실 석재가 아닌 銘旌에 그려져 부장된 예는 투르판일대의 漢人系 고분에서만 찾을 수 있다.(上野アキ, 「アスタナ出土伏羲女媧圖について」(上)(下)『美術硏究』292, 293, 1974, p.195)

34) 아스타나고분군출토 명정의 여와가 손에 쥔 矩는 山東화상석이나 四川화상전에서 보이는 전형적인 콤파스와는 모양이 상당히 달라 부젓가락에 가깝다. 문자를 비롯하여 墓誌나 葬法 등에서 나타나는 투르판식의 변형을 여와상의 持物에서도 볼 수 있다.

35) 아스타나고분군의 조성 시기는 대개 3기로 구분한다. 제1기는 3세기에서 6세기 초(晋~南北朝中期), 제2기는 6세기 초에서 7세기중엽(南北朝中期~初唐), 제3기는 7세기중엽에서 8세기중엽(盛唐)에 이르는 시기를 말한다.(新疆維五爾自治區博物館, 「吐魯番阿斯塔那-哈拉和卓古墓群發掘簡報(1963～1965)」, 『文物』1972年1期, pp.9～11). 복희, 여와상 명정은 2기 이후로 편년되는 고분에서 출토되고 있다.

36) 羅根은 해 속의 三足烏가 후에 방사상의 문양으로 바뀐다고 본 데 비해(羅根, 「關于馬王堆漢墓帛畵的商討」『文物』1972年2期) 上野는 三足烏를 투르판 지배 이후 당으로부터 이 지역에 재차 들어온 요소로 보고 있다.(上野アキ, 「アスタナ出土伏羲女媧圖について」(下)『美術硏究』293, 1974, pp.14～15) 6세기 중엽 이전의 투르판 유물 가운데 漢代이래 중국에서 유행한 일월상이 보이지 않는 점과 방사상의 문양이 페르시아적 요소로 생각되는

점으로 미루어 볼 때 필자는 上野의 견해가 보다 설득력 있다고 본다.

37) 賀梓城, 「唐墓壁畵」『文物』1959年8期, pp.31～33.

38) 甘肅省博物館, 「酒泉嘉峪關晋墓的發掘」『文物』1979年6期, pp.1～11.

39) 秦漢代의 종교사상적인 제반 경향에 대해서는 王治心著·전명용譯, 『中國宗教思想史』이론과 실천, 1988을 참조.

40) 漢代의 불교신앙이 不老長生을 기원하는 黃老信仰과 내용상 동일하였음은 잘 알려진 사실이다.(鎌田茂雄著·鄭舜日譯, 『中國佛教史』經書院, 1978, 1985, pp.35～39.)

41) 중국의 천문관측은 先秦時代에 이미 28宿星座體系를 정비하는 수준에 이르고 있었다. 태양의 흑점관측과 日蝕, 月蝕現像에 대한 이해도 이루어졌음은 물론이다.(橋本敬造, 「先秦時代の星座と天文觀測」『東方學報』53, 京都, 1981, pp.189～232)

42) 여기서 한 가지 더 주의를 요하는 것은 이 글에서 살펴보는 일월상은 기본적으로 죽은 자의 무덤을 장식하는 요소의 하나라는 사실이다. 때문에 일반사회에서의 합리주의적 사고의 진전이 상당히 이루어졌다고 하여도 기본적으로 이들 일월상은 同時代의 각종 내세관과 관련한 신비주의적 인식을 배제하고 표현될 수는 없다.

43) 註4) 參照.

44) "堯時十日幷出, 草木焦枯, 堯命羿仰射十日, 中其九日, 日中九烏皆死, 墮其羽翼, 故留其一日也"『天問』; 王注引古本『淮南子』; "堯之時, 十日幷出, 焦禾稼, 殺草木, 而民無所食, 猰貐鑿齒, 九嬰大風, 封豨, 修蛇, 皆爲民害, 堯乃使羿誅鑿齒於疇華之野, 殺九嬰於凶水之上, 激大風於靑丘之澤, 上射十日而下殺猰貐, 斷修蛇於洞庭, 擒封豨於桑林…於是天下廣狹, 險易, 遠近, 始有道里"『淮南子』「本經訓」

45) 양조형 일상화상 안에는 각종 별자리와 함께 應龍, 虎車雷公, 二頭神獸 등 별자리를 신격화한 각종 神人, 異獸가 그려지는 것이 일반적이다. [표1)의 화면구성요소란 참조]

46) 註 7) 參照.

47) 九尾狐는 長壽 및 자손 번창과 관련된 祥瑞動物로 알려졌을 뿐 문헌상으로는 일월신앙 및 서왕모신앙과 관계된 설화가 별도로 전하지 않는 동물이다. 九尾狐에 관해서는 袁珂, 『中國神話傳說辭典』上海辭書出版社, 1985, p.14를 참조.

48) 음양조화를 중요시하는 태도는 이미 先秦文獻중에서 확인할 수 있다("夫天地之氣, 不失其序, 若過其序, 民亂之也, 陽伏而不能出, 陰迫而不能烝, 于是有地震"『國語』「周語」上. 음양설의 성립과 전개에 대해서는 張岱年著·최형식譯, 『中國唯物思想史』이론과 실천, 1989, pp.19～40 및 窪德忠著·최

준식譯, 『道教史』분도출판사, 1990, pp.75～90을 참조.

49) 賀梓城, 「唐墓壁畵」 『文物』1959年8期, pp.31～33.

50) 『史記』「封禪書」, 『漢書』「五行志」의 내용과 窪德忠著·최준식譯, 『道敎史』 분도출판사, 1990, pp.81～104 參照.

51) 王治心著·정명용譯, 『中國宗敎思想史』이론과 실천, 1988, pp.81～102; 長生術과 鍊金術의 發達, 神仙道의 流行 등에 대해서는 坂出祥伸, 「長生術」 村上嘉實, 「鍊金術」 山田利明, 「神仙道」(酒井忠夫外著·崔埈植譯, 『道教(1)』: 『道教란 무엇인가』平河出版社, 民族社, 1985, 1990, pp.203～324에 收錄) 參照.

52) 서왕모는 인간사회의 재앙을 관장하는 신으로서 이미 춘추시대부터 국가적 차원의 제사대상이기도 하였다. "立西郊以祭陰, 名日西王母, 以後國不被災" 『吳越春秋』「勾踐陰謀外傳」

53) 周穆王-西王母故事는 『穆天子傳』이라는 僞傳의 출현을 가져왔다. 한무제-서왕모고사는 晉 張華 의 『博物志』에 실린 것이 비교적 일반에 널리 전승된 내용이다. "漢武帝好仙道, 祭祀名山大澤, 以求神仙之道, 時西王母遣使乘白鹿, 告帝當來, 乃供張九華殿, 以待之, 七月七日夜, 漏七刻, 王母乘紫雲車, 而至於殿西, 東面東向, 頭上載七種青氣, 鬱鬱如雲, 有三青鳥, 如烏大, 使侍母旁, 時設九微燈, 帝東面西向, 王母索七桃, 大如彈丸, 以五枚與帝, 母食二枚, 帝食桃,輒以刻著前, 母曰, 取此核, 將何爲, 帝曰, 此桃甘味, 欲種之, 母笑曰, 此桃三千年一生實" 『博物志』 券三.

54) 『漢書』의 다음과 같은 기록은 兩漢交替期의 사회적 혼란으로 인해 서왕모 신앙이 민간에서 일종의 救世信仰으로 크게 기능하였음을 알려준다. "哀帝建平四年春, 大旱, 關東民傳行西王母籌, 經歷郡國, 西入關, 至京師, 民又聚會祀西王母" 『漢書』「哀帝紀」; "哀帝建平四年五月, 民驚走, 持稿或取一枚, 傳相付與日, 行詔籌, 道中相過逢, 多至天數, 或被髮徒踐, 或夜折關, 或踰牆入, 或乘車騎奔馳, 以置驛傳行, 經歷郡國二十六, 至京師, 其夏京師郡國民, 聚會里巷仟伯, 設祭張博具, 歌舞祠西王母, 又傳書日, 母告百姓佩此書者不死, 不信我雅言, 視門樞下當白髮, 至秋之" 『漢書』「五行志」下

55) 銅鏡에 나타난 西王母의 圖像에 대해서는 駒井和愛, 『中國古鏡の研究』東京, 1953을 참조.

56) 표 8)의 작성에 참조한 논문 및 보고서, 도록은 아래와 같다.
長廣敏雄, 『漢代畵像の研究』中央公論美術出版, 1965; 南京博物院, 「徐川青山白集後漢書像石墓, 『考古』1981年2期; 林巳奈夫, 「漢代鬼神の世界」 『東方學報』46, 1974; 四川省博物館·郫縣文化館, 「四川碑縣後漢磚墓的石棺畫像石墓」 『考古』1979年6期, 1979; 徐州市博物館編, 『徐州漢畫像石』 江蘇美術出版社, 1985; 高文編, 『四川漢代畫像磚』, 上海人民美術出版社,

1987; 中國美術全集編輯委員會編, 『中國美術全集』 繪畫編18, 畫像石·畫像磚, 文物出版社, 1989.

57) 서왕모의 大地母神的 성격은 『山海經』「大荒西經」의 다음과 같은 기사에서 엿볼 수 있다. "西海之南, 流沙之濱, 赤水之後, 黑水之前, 有大山, 名日昆侖之丘, 有神-人面虎身, 有文有尾, 皆白-處之, 其下有弱水之淵環之, 其外有炎水之山, 投物輒然, 有人, 載勝, 虎齒有豹尾, 穴處, 名日西王母, 此山萬物之有" 『山海經』「大荒西經」

58) 張岱年著·최형식譯, 『中國唯物思想史』이론과 실천, 1989, pp.19～40.

59) 小南一郎, 「西王母と七夕傳承」『東方學報』46, 1974, pp.49～62.

60) 註 18) 參照.

61) 常義, 羲和는 중국고대의 여러 신화 중에서 전형적인 인격화된 일월신으로 묘사된다. "東海之外, 甘水之間, 有羲和之國, 有女子名日羲和, 方浴日于甘淵" 『山海經』「大荒南經」; "有女子方浴月, 帝俊妻常羲, 生月十二, 此始浴之" 『山海經』「大荒南經」; "日乘車, 駕以六龍, 羲和御之" 『淮南子』「天文訓」高注

62) 王治心著·전명용譯, 『中國宗教思想史』 이론과 실천, 1988, pp.103～132.

63) "玉山, 是西王母所居也, 西王母其狀女人, 豹尾, 虎齒, 而善嘯, 蓬髮載勝, 是司天之厲及五殘" 『山海經』「西山經」

64) 小南一郎, 「西王母と七夕傳承」『東方學報』 46, 1974, pp.70～74.

65) 도교에서 서왕모는 魏晋以後 玉皇上帝, 聖祖尊號, 聖母尊號, 東華帝君에 이어 제5위의 신격이 되며 동왕공과 함께 두 가지 氣를 다스려 천지를 양육하고 만물을 통치하는 神으로 숭앙된다. 石井昌子, 「道教の神」(酒井忠夫外著, 崔俊植譯, 『道教(1)』1985: 『道教란 무엇인가?』 平河出版社, 民族社, 1990, pp.142～144)

66) 劉城淮, 『中國上古神話』 上海文藝出版社, 1988, pp.469.

67) 예를 들어 河南英庄漢墓 M8호의 경우 전실 대들보 밑에는 常羲羲和捧日月像이 (표 4의 21), 主室南門 및 北門 들보에는 순수 성좌형 일상과 월상이 (표 2의 1) 표현되고 있다.

표 목록

그림 목록

참고문헌

1) 기본사료

『古玉圖譜』『論衡』『穆天子傳』『博物志』『山海經』『酉陽雜俎』『楚辭』『初學記』『太平御覽』『淮南子』

2) 보고서 및 논저

가) 중국

甘肅省博物館,「酒泉嘉峪關晋墓的發掘」『文物』1979年6期.

江蘇省文物管理委員會·南京博物院,「江蘇徐州, 銅山五座漢墓清理簡報」『考古』1964年10期.

江蘇省文物管理委員會·南京博物院,「江蘇徐州十里鋪漢畫像石墓」『考古』1981年2期.

高文編,『四川漢代畫像磚』, 上海人民美術出版社, 1987.

郭沫若,「桃都, 女媧, 伽陵」『文物』1973年1期.

金維諾,「談長沙馬王堆3號漢墓帛畫」『文物』1979年11期.

羅根,「關于馬王堆漢墓帛畫的商討」『文物』1972年9期.

洛陽博物館,「洛陽西漢卜千秋壁畫墓發掘簡報」『文物』1977年6期.

南京博物院,「徐州靑山泉白集後漢畫像石墓」『考古』1981年2期.

南京博物院·郭縣文化館,「江蘇邳縣白山故子兩座後漢畫像石墓」『文物』1986年5期.

南陽博物館, 「河南南陽英庄漢畫像石墓」『中原文物』1983年3期.

南陽市博物館, 「南陽市王庄漢畫像石墓」『中原文物』1985年3期.

南陽地區文物工作隊·南陽縣文化館,「河南南洋英庄縣漢畫像石墓」『文物』1984年3期.

南陽地區文物工作隊·南陽縣文化館, 「河南南陽縣十里鋪漢畫像石墓」『文物』1986年4期.

內江市文管所·簡陽縣文化館, 「四川簡陽縣鬼頭山後漢崖墓」『文物』1991年3期.

馬雍, 「論長沙馬王堆一號漢墓出土帛畵的名稱和作用」『考古』1973年2期.

寶鷄市博物館·千陽縣文化館, 「陝西省千陽縣漢墓發掘簡報」『考古』1975年3期.

山西省考古研究所, 「太原市南郊當代壁畵墓淸里簡報」『文物』1988年12期, 1988.

山西省文物管理委員會, 「山西平陸棗園村壁畵漢墓」『考古』1959年9期.

四川大學敎考古專業七八給實習隊·長寧縣文化館, 「四川長寧七個洞後漢紀年畫像崖墓」『考古與文物』1985年5期.

四川省文物管理委員會, 「四川新繁淸白鄕後漢畫像磚墓淸理簡報」『文物參考資料』1956年6期.

四川省博物館 李復華·碑縣文化館 郭子遊, 「碑縣出土後漢畫像石棺圖象略說」『文物』1975年8期.

四川省博物館·郫縣文化館, 「四川碑縣後漢磚墓的石棺畫像石墓」『考古』1979年6期.

徐州市博物館編, 『徐州漢畫像石』 江蘇美術出版社, 1985.

徐州市博物館, 『徐州漢畫像石』 江蘇美術出版社, 1985.

宣賓縣文化館 蘭峰, 「四川宣賓縣墓畫像石棺」『文物』1982年7期.

孫作云, 「長沙馬王堆一號漢墓出土畵幡考釋」『文物』1973年1期.

孫作雲, 「落陽西漢卜千秋墓壁畵考釋」『文物』1977年6期.

新疆維五爾自治區博物館, 「新疆吐魯番阿斯塔那北區墓葬發掘簡報」『文物』1960年6期.
新疆維五爾自治區博物館, 「吐魯番阿斯塔那-哈拉和卓古墓群淸理簡報(1966~1969)」『文物』1972年1期.
新疆維五爾自治區博物館, 「吐魯番阿斯塔那-哈拉和卓古墓群發掘簡報(1963~1965)」『文物』1973年10期.
安志敏, 「長沙新發見的西漢帛畵試探」『考古』1973年1期.
黎搖渤, 「遼寧北票縣西官營子北燕馮素弗墓」『文物』1973年3期.
吳震, 「吐魯番阿斯塔那唐墓中有重要發現」『考古』1959年12期, 考古動態.
王德慶, 「江蘇銅山後漢墓淸理簡報」『考古通言』1957年4期.
王樹, 「覆面, 眼卓及其他」『文物』1962年8期.
王仁波, 「唐懿德太子壁畵題材的分析」『考古』1973年6期.
遼寧省博物館文物隊·朝陽地區博物館文物隊·朝陽縣文化館, 「朝陽袁臺子東晋壁畵墓」『文物』1984年6期.
遼寧省博物館 馮永謙, 韓寶興, 劉忠誠, 遼陽博物館 煞寶庫, 柳川, 肖世皇, 「遼陽舊城東門里後漢 壁畵墓發掘報告」『文物』1985年6期.
袁珂, 『中國神話傳說辭典』 上海辭典出版社, 1985.
魏仁華, 「南陽漢畫像石中的幻日圖象試析」『中原文物』1985年3期.
劉城淮, 『中國上古神話』 上海文藝出版社, 1988.
臨沂金省山漢墓發掘組, 「山東臨沂金省山九號漢墓發掘簡報」『文物』1977年11期.
臨沂地區文化局文物組·劉家驥·故宮博物院收復廳 劉炳森, 「金省山西漢畵臨墓后感」『文物』1977年11期.
張明川, 「河西出土的漢晋繪畵簡述」『文物』1978年6期.
張堯軍, 「試談南陽漢畫像石中牛的藝術形象」『中原文物』1985年3期.
戴應新·魏遂志, 「陝西綵德黃家塔後漢畫像石墓群發掘簡報」『考古與文物』1986年5·6期.
濟南市博物館, 「濟南市馬家庄北齊墓」『文物』1985年10期.
棗庄市文物管理站, 「山東棗庄畫像石調査記」『考古與文物』1983年3期.

周到·李京華,「唐河針織廠漢畫像石墓的發掘」『文物』1973年6期.
周到,「南陽漢畫像石中的幾幅天象圖」『考古』1975年1期.
中慶市博物館·合川縣文化館田野考古工作小組, 「合川後漢畫像石墓」『考古』1977年2期.
中國美術全集編輯委員會編,『中國美術全集』繪畫編12, 墓室壁畫, 文物出版社, 1989.
中國美術全集編輯委員會,『中國美術全集』繪畫編18, 畫像石·畫像磚, 文物出版社, 1989.
陳少農·宮大中,「洛陽西漢卜千秋墓壁畵藝術」『文物』1977年6期.
馮漢驥,「四川的畫像磚墓及畫像磚」『文物』1961年11期.
馮華,「記新疆發現的絹畫伏羲女媧像」『文物』1962年7·8期.
河南省文化局文物工作隊,「洛陽西漢壁畵墓發掘報告」『考古學報』1964年2期.
河南省博物館,「南陽漢畫像石概述」『考古』1973年6期.
何新,『諸神的起源』, 1987(홍희譯,『諸神의 起源』서울, 東門選, 1990.)
賀梓城,「唐墓壁畵」『文物』1959年8期.
夏鼎,「洛陽西漢壁畵墓中的星象圖」『考古』1962年2期.
陝西省文物管理委員會,「陝西省三原縣雙盛村隋李和墓清理簡報」『文物』1966年1期.
陝西省博物館·陝西省文管會寫作小組, 「米脂後漢畫像石墓發掘簡報」『文物』1972年3期.
陝西省博物館·乾縣文敎局唐墓發掘組, 「唐懿德太子墓發掘簡報」『文物』1972年7期.
湖南省博物館·中國科學院考古研究所編·關野雄 外譯, 『長沙馬王堆1號漢墓』(上), (下), 平凡社, 1973, 1976.
黃承宗,「西昌後漢, 魏晋時期磚室墓葬調査」『考古與文物』1983年1期.

나) 일본

橋本敬造,「先秦時代の星座と天文觀測」『東方學報』53, 京都, 1981.

駆井和愛,『中國古鏡の研究』東京, 1953.

林巳奈夫,「論長沙馬王堆一號漢墓出土帛書」『MUSEUM』267, 1973.

林巳奈夫,「漢代鬼神の世界」『東方學報』46, 1974.

上野アキ,「アスタナ出土伏羲女媧圖について」(上)(下) 『美術研究』 292, 293, 1974.

小南一郎,「西王母と七夕傳承」『東方學報』46, 1974.

松本榮一,「東洋古美術に現れた日月星辰」『國華』436, 437, 440, 1926 ~1927.

長廣敏雄,『漢代畫像の研究』中央公論美術出版, 1965.

曾布川寬,「崑崙山と昇仙圖」『東方學報』51, 1979.

土居淑子,「古代中國における仙界圖像」『美術史研究』8, 早稻田大, 1971.

Abstract

A Reasearch for the Motifs of the Sun and the Moon of Ancient China

-By the Analysis of Tombs Ranging from the Chinese Han through to the Chinese T'ang Period-

Ho-tae Jeon

(Professor, Department of History & Culture, University of Ulsan)

The mural paintings and artifacts from the tombs ranging from the Chinese Han through to the Chinese T'ang period (漢-唐) have decorative motifs of the sun and the moon. These motifs found in the ancient tombs have many variations both locally and temporally. The motifs of the sun and the moon can be divided into two types categorically, that is, the constellation type (星座型) and the deity type (神格型). Both can be divided futher. The constellation types can be divided into the sun-loaded bird type (陽鳥型) and the pure constellation type (純粹星座型). The deity types can be divided into the man-headed bird type (羽人型) and Fuxi·Nuwa type (伏義·女媧型), Tung-Wangkong·Xi-wangmu type (東王公·西王母型).

In most cases the sun-loaded bird types have been found in the engravings of the stone at tombs from Han period in

Nang-yang area of Hu-nan Province (河南省南陽). While the pure constellation types have been discovered mostly in the mural paintings at the tombs of from the Han through to the T'ang period.

A crow and a toad were adopted as major motifs of the pure constellation type so they appeared most frequently. In addition, the motifs such as a nine-taled fox as an element of the sun appear. Also, the motifs of an imaginary moon-rabbit and a cinnamon tree show up as an element of the moon. These arc closely related with the harmony between the traditional In-Yang belief system (陰陽信仰) and Xi-Wangmu' belief developed long before Chinese Chin-Han period (秦漢). The sun and moon motifs in the pure constellation type are based on an astronomical scientific understanding that both the sun and the moon are considered as a part of the universe. To some extent some mythological ideas on the sun and moon were infused into the understanding.

When the Chinese Sui-T'ang period (隋唐) began after the Chinese Wei-Jin-Southern and Nothern dynastics period (魏晉南北朝), the transitional period, the mythological ideas of the sun and the moon had begun to the ebb away. Consequently the motifs of the sun and the moon were not particularly emphasized any more so that they were described just as only a member of the whole constellation.

The deity types had been formed on basis of a ancient way of thinking system in which the sun and the moon were considered as a divine entity with mysterious holy power. During the Sui-T'ang period, unlike the much earlier period, such as the Yin-Chou period (殷周), there was no iconography in which the sun and the moon were worshiped as a divine personal god.

During the Han period, the sun god and the moon god which had been worshipped a creator god or an immortal-resurrected god, were combined with the sun and the moon. Fuxi·Nuwa, Tung-Wangkong and Xi-wangmu had not been an original sun god and moon god. However, they were worshipped as gods by means of the Yin-Yang theory (陰陽說) and the long life and immortality belief. The formative elements of the motifs of the sun and the moon accompanying the sun god and the moon god are almost similar to those of the motifs in the constellation type. In the Sui-T'ang period, the sun god and the moon god, frequently presented in the murals paintings of the Han period, were rarely presented in rhe murals of the Sui-T'ang period owing not only the appearance of more systematized religions such as Taoism and Buddhism, but also the better understanding of the universe and the nature.

On the other hand, in Turfan, the western border of China, the Fuxi·Nuwa type sun god and moon god of the Sui-T'ang period was painted on the funeral flag. And such flags were buried habitually. This facts suggests that the Fuxi·Nuwa belief which the Chinese immigrants had brought there in the Han period, spread and developed as a local variety of it in the remotest inland region, Turfan of China.

찾아보기